아래 QR 코드를 찍으시면 이 책의 내용을 이해하도록 돕는
매트 레드맨의 곡들을 들으실 수 있습니다.

하나님 앞에 선 예배자

(주)죠이북스는 그리스도를 대신한 사신으로
문서를 통한 지상명령 성취와 하나님 나라 확장을 위해 노력합니다.

Used by permission © 2002 JOY BOOKS Co., Ltd.
1st Floor, 33, Wangsan-ro 19ba-gil, Dongdaemun-gu, Seoul, Republic of Korea
Copyright © 2001 by Matt Redman
Originally Published in English under the title:
The Unquenchable Worshipper
Published by Kingsway Publications
Lottbridge Drove, Eastbourne, BN23 6NT, England
All rights reserved.

the unquenchable worshipper

MATT REDMAN

survivor

contens 목차

감사의 글 _ 11
서문 _ 13
  1. 억누를 수 없는 예배자 _ 17
  2. 망한 예배자 _ 29
  3. 천한 예배자 _ 37
  4. 예측할 수 없는 예배자 _ 45
  5. 수건을 벗은 예배자 _ 57
  6. 멈출 수 없는 예배자 _ 67
  7. 주목받지 못하는 예배자 _ 75
  8. 한마음을 가진 예배자 _ 83
  9. 만족하지 못하는 예배자 _ 95
  10. 영원한 예배자 _ 103

아내 베스와 딸 메이지에게 이 책을 바칩니다.
메이지는 하나님이 우리 부부에게 주신
놀라운 선물입니다.
난 메이지가 꼭 엄마와 같이
예수님의 '뜨거운 예배자'로 자라나길 기도합니다.

감사의 글

하나님과 함께 하라고 내게 힘을 주고 사랑으로 대해 준 아내 베스(Beth)에게 감사한다. 매우 많은 가르침을 줄 뿐 아니라 우정과 격려와 관용을 베푸는 친구 마이크(Mike)에게도 감사한다. 또 경배 음악을 탐험하는 이 여정에서 함께 걸으며 배울 수 있는 특권을 준 모든 사람들, 즉 마틴 스미스(Martin Smith), 레스 모이어(Les Moir), 앤디 피어시(Andy Piercy), 그래함 켄드릭(Graham Kendrick), 노엘 리차드(Noel Richards), 루이 기글리오(Loui Giglio), 케빈 프로쉬(Kevin Prosch), 앤디 파크(Andy Park), 브라인 호워스(Bryn Haworth)에게 감사한다. 마지막으로 데이비드(David)와 메리 피(Mary P)에게 감사한다. 그들은 자기들이 얼마나 엄청난 일을 했는지 전혀 알지 못할 것이다.

intro 서문

이 책은 환상적이다. 내가 전에 경배에 대해 말하고자 했던 것보다 더욱 경배에 대해 말하고 싶은 모든 것을 담고 있다. 솔직히 이 책에 대해서는 만감이 교차한다. 알다시피, 레드맨은 전세계 많은 교회에서 부르고 있는 수많은 찬양을 작곡했다. 난 이미 경배에 관해 한 권의 책을 썼다. 레드맨은 이보다 더 훌륭한 책을 계속해서 쓰고 있다.

난 분명히 이 책을 좋아한다. 물론, 레드맨과 그의 아내 베스는 나의 가장 가까운 친구들이다. 그리고 내가 이끈 청소년 모임에 열세 살이었던 레드맨이 참석한 그 순간부터 나는 그와 함께 사역했다. 그가 열다섯 살일 때, 우리는 끊임없이 경배에 관해 이야기를 나누었고, 실제로 일주일에 하룻밤은 주님을 경배하며 보내기로 합의했다. 그래서 청소년 지도자인 나와 그 모임에 한 청소년이었던 그, 이렇게 우리 둘은 매주 토요일 밤 두세 시간 동안 예수님을 찬양하려고 모였다. 그 찬양은 분명히 듣기에 거북했을 것이다. 난 음정에 맞게 노래할 수 없었고, 레드맨은 단지 기타 코드 세 개만 알고 있었다. 레드맨이 나를 보고 웃지 않는다면, 나도 그를 보고 웃지 않겠다고 우리는 서로 약속했다. 난 그 밤들을 결코 잊지 못할 것이다. 그 모임은 연습하려는 것이 아니었기에, 우리는 배울 수 있었고, 임재에 관한 것이었기에, 사랑할 수 있었다. 소울 서바이버(Soul Survivor)는 그런 밤에서 시작하여 성장했다. 우리가 바로 그 기초였다. 우리는 현재 청소년 사역자로 활동 중이다.

  그런 날들을 지내며 레드맨에게 작은 일들이 일어나기 시작했지만, 그의 마음은 변하지 않았다. 그는 3,000명이 모이는 곳이든, 3명이 모이는 곳이든 동일한 열정으로 예배를 인도했다. 사실 몇 년 전에 그는 웸블리 주경기장에서 열렸던 세상의 챔피온(Champion of the World)이라는 집회에서 몇몇 예배를 인도했다. 그날 토요일에 거기에는 4만 명이 넘게 모였다. 다음날 우리 중 15명은 주님께 경배 드리려고 고향인 왓포드에 있는 쇼핑 센터로 갔다. 물건을 사러 온 사람들이 우리를 지나쳐 갈 때 우리는 한 시간 동안 그곳에서 경배했다. 그들 중 단지 몇 명만이 서서 우리를 지켜보았다. 그 경배 시간이 막바지에 이르자 기타를 치고 있던 나는 우리를 인도하는 레드맨을 쳐다보았다. 그의 얼굴에 땀이 비처럼 흘러내렸다. 난 갑자기 그가 전날 웸블리 주경기장의 4만 명이 넘는 사람들 앞에서 예배를 인도했을 때만큼이나 쇼핑 센터에서 우리 15명과 함께 예배를 인도하는데도 많은 헌신과 노력과 에너지를 쏟고 있음을 깨달았다. 레드맨은 일찍이 경배가 사람들의 마음을 끄는 것이기보다는 하나님의 마음을 끄는 것이라는 사실을 배웠다. 그는 항상 한분의 관중 앞에서 공연했다.

이 책은 정직하다. 레드맨은 이 책에서 주장하는 바대로 살고 있다. 당신이 이 책에서 곡 선택, 코드 잇기, 혹은 반주자 선택 및 훈련에 관한 유익을 얻고자 한다면, 당신은 분명히 실망할 것이다. 이 책은 염치없지만 하나님에 관한 것이며, 그분의 임재 앞에 헌신된 삶을 사는 것에 관한 책이다. 경배는 하나님에 관한, 하나님께 대한 그리고 하나님을 위한 것이다. 이런 면에서 이 책은 이 진리를 큰 소리로 외친다. 그리고 교회들이 하나님께 드리는 경배를 공연이나 연예 사업으로 변질시키는 심각한 위험에 빠진 요즘의 현상을 교정할 수 있는 필수적인 예언서이다. 나는 이 책을 읽고, 많은 시간 책 내용을 경배에 이용했다.

물론 내가 다소 편견을 가질 수도 있다. 그러나 난 레드맨과 이 책을 자랑스럽게 여긴다. 그리고 전심으로 당신에게 이 책을 권한다.

마이크 필라비치
소울 서바이버
2001년 3월

1. 억누를 수 없는 예배자

억누를 수 없는 예배자로 들어가 보자. 이 세상은 깨지기 쉬운 사랑, 즉 차 버리는 사랑, 시들어진 사랑, 이혼하는 사랑, 이기적인 사랑으로 가득하다. 그러나 억누를 수 없는 예배자는 다르다. 하나님과 그분의 경이로움에 진심으로 감격하고, 불타는 사랑이 있기에 소멸하지 않을 것이다. 이 사랑은 어떤 상황에서도 살아남고, 어떤 환경이라도 이겨낸다. 이 사랑은 그 사랑에 반응한 결과로 이루어진 것이기에 스스로 억눌리지 않을 것이다.

이러한 예배자들은 하나님의 아들이 불멸의 헌신으로 죽음을 맞은 십자가의 그늘 아래 모인다. 이제 주의 부활의 능력으로 살고 있는 그들은 억누를 수 없어서 자기 자신을 제물로 내어 드리는 식으로 반응한다.

성경은 억누를 수 없는 예배자들로 가득하다. 이들은 하나님의 영광을 위해서라면 기가 꺾이거나 낙담하거나 고민하지 않는다.

나는 아무리 황량한 시절 속에 있는 자신을 발견할지라도 하나님의 가치를 따라 선택하기로 결정한 하박국 선지자의 마음 자세를 좋아한다.

> 비록 무화과나무가 무성치 못하며 포도나무에 열매가 없으며 감람나무에 소출이 없으며 밭에 식물이 없으며 우리에 양이 없으며 외양간에 소가 없을지라도 나는 여호와를 인하여 즐거워하며 나의 구원의 하나님을 인하여 기뻐하리로다(합 3:17-18).

사도행전 16장에서 바울과 실라 역시 결코 하나님을 경배하기에 좋은 조건 속에 있지 않았지만, 극복하기로 결심한다. 노래할 분위기가 아니었기에, 당신은 그들이 감방에 그냥 앉아만 있더라도 그들을 용서했을 것이다. 그들은 부당하게 체포되었고, 매맞고, '심하게' 채찍질을 당했고, 발에 차꼬가 채워진 채 가장 깊숙한 감옥에 던져졌다. 하지만, 어쨌든 바울과 실라는 자기들 안에 하나님을 찬양하고자 하는 마음이 있음을 알았다. 자기들의 영혼이 낙담하지 않게 하려고, 자기들에게 남은 모든 것으로 경배했다.

우리들 대부분은 무화과나무도 없고, 그리스도인이라는 이유로 감옥에 가지도 않지만, 하박국과 바울과 실라에게 그랬던 것처럼 그 원리는 우리에게도 마찬가지로 적용된다. 우리는 항상 찬양할 이유를 발견할 수 있다. 상황들은 좋게도 변하고 나쁘게도 변하지만, 하나님의 가치는 결코 변하지 않는다.

최근에 19세기 미국 찬송가 작사가인 화니 크로스비(Fanny Crosby)의 이야기를 들었다. 그녀가 아기였을 때 일어난 사고로 삶이 변해 버린 이야기였다.

태어난 지 약 6주가 되었을 때, 난 병이 들었고 눈의 시력이 너무 떨어져서, 나를 담당했던 사람들은 내 눈에 습포를 댔다. 그들의 지식과 기술 부족으로 나는 영원히 시력을 잃었다. 그들이 말하기를 나는 나이가 들어갈수록 친구들의 얼굴이나 들판의 꽃들, 또는 푸른 하늘이나 아름다운 황금빛 별들을 결코 보지 못할 것이라고 했다. 곧 나는 다른 아이들이 소유한 것이 무엇인지를 알았다. 그러나 나는 '만족하다'라고 부르는 작은 보물을 내 마음에 담아 두겠다고 속으로 다짐했다.[1]

실제로 화니 크로스비가 이 찬양의 가사를 썼을 때는 겨우 여덟 살이었다.

난 얼마나 즐거운 영혼을 지녔는가!
비록 내가 볼 수는 없지만,
난 이 세상에서
만족하려고 결심했네.

얼마나 많은 복을 내가 누리는지,
다른 이들에게는 이 복이 없으리.
내가 장님이기에 울고 한숨짓는 일
난 할 수 없으리, 하지 않으리.[2]

그리고 이 만족하는 예배자는 대략 8,000곡의 찬송가 가사를 썼다. 이런 수천 개의 곡들은 단지 그녀의 마음속에서 예수님을 향해 타올라 꺼질 수 없었던 불의 결과였다. 한 번은 누군가가 그녀에게 물었다. "화니, 당신은 장님이 아니었기를 원하죠?" 그녀는 늘 말하던 대로 대답했다. "글쎄요, 장님이어서 좋은 점은 내가 맨 처음 볼 얼굴이 예수님의 얼굴이라는 것입니다."

많은 사람들이 하나님께 반응할 때 불평하고 괴로워하는 길을 선택했을 것이지만, 그녀는 만족과 찬양의 길을 선택했다. 날마다 우리의 길에 놓인 모든 상황에서, 우리는 이 두 가지 길 중에 하나를 선택하는 일에 직면하고 있다. 괴로움은 의기소침하게 만들고, 결국에는 하나님을 향한 사랑이 없어져 버린다. 괴로움은 '하나님은 사랑이다' 라는 문구를 잊어버리게 하고, 그분은 신실하지 않다고 우리에게 말한다. 그러나 반대로 만족은 마음에 하나님을 찬양할 이유들을 끝없이 공급한다.

그리고 주님을 찬양할 끝없는 이유들이 **있다**. 난 언젠가 (Stock, Aitken 그리고 Waterman 제작팀의) 피트 워터맨(Pete Waterman)이 세상의 대중 음악에서 사랑 노래들에 관해 하는 말을 들었다. 그는 냉소적으로 단지 '사랑해요', '미워해요', '떠나가요', '돌아와요' 의 네 가지 노래들만을 작곡할 수 있다고 제시했다. 경배곡들을 작곡하는 한 사람으로서, 나는 마음에서 얻을 수 있는 작사작곡의 재료들이 그보다 더 많다는 것에 감사한다! 난 절대로 이렇게 생각할 수 없다. '그래, 하나님은 너무나 많이 감춰져 있어 … 난 다음엔 무엇을 작곡해야 하지?' 눈부신 주님의 영광과 놀라운 주님의 마음은 의심할 여지없이 우리에게 영원토록 새로운 노래들을 부어 줄 것이다.

아가서 마지막에 억누를 수 없는 경배에 대한 환상적인 선포가 나온다.

> … 사랑은 죽음같이 강하고 투기는 음부같이 잔혹하며 불같이 일어나니 그 기세가 여호와의 불과 같으니라 이 사랑은 많은 물이 꺼치지 못하겠고 홍수라도 엄몰하지 못하나니 …
> (아 8:6-7).

너무나 자주 내가 드리는 경배는 복잡하고 투쟁적인 이 세상에 의해 길들여지고 있다. 그러나 난 하나님을 향한 나의 불이 심지어 가장 강한 반대 물살에서도 꺼지지 않고 씻겨 내려가지 않는 곳, 즉 결코 사라져 버릴 수 없는 경배 가운데 있기를 열망한다.

불을 끄는 사람들은 불이 계속해서 타오를 때 반드시 필요한 세 가지 요소, 즉 열과 산소와 연료 중에 하나를 차단한다. 다시 말해, 불을 끄는 데는 세 가지 방법이 있다. 타고 있는 물체에 물(혹은 이런 종류의 어떤 물질)을 끼얹어 식히거나, 산소의 유입을 막거나, 연료 공급을 차단하는 것이다.

그리고 나는 우리가 지닌 경배의 마음도 이와 유사하다고 생각한다. 우리는 하나님께 불타는 마음을 지닌 사람들이 되고자 열망하지만, 그 방식들에 주의하지 않는다면, 우리는 불타게 하는 어떤 것을 잃을 수 있다.

먼저, 물이 불을 끌 수 있는 것처럼, 또 그렇게 삶의 무거운 압력과 시험들이 경배하려는 우리의 마음을 저하시킬 수 있다. 곤고한 시간에 다소 '열정이 식고', 경이감과 신뢰감을 잃기가 너무 쉽다. 우리는 하나님이 우리에게 그런 일이 일어나도록 하신 이유를 묻고는, 상황이 좋아지면 우리가 다시 경배를 할 것이라고 스스로를 속이면서, 우리의 경배를 느슨하게 풀어 버린다. 아니면 우리는 더 이상 경배하는 것처럼 '느끼지' 못하기에, 경배하지 않는지도 모른다. 나는 힘든 상황들로 인해 경배를 벗어 던진 많은 예배자들을 보아 왔다. 그러나 나는 어려운 상황에도 불구하고 끝까지 인내하며, 더 강하지는 않았지만 전처럼 그렇게 강하게 타오르는 경배의 마음을 드러냈던 사람들도 보아 왔다.

'항상 신뢰하고, 항상 소망하고, 항상 인내하며' 삶의 폭풍우를 여전히 불타는 마음으로 통과하는 그런 부류의 예배자가 있다. 이런 예배자는 이따금씩 단순한 선택을 해야 한다. 우리는 사방에서 힘들게 어려움을 당하고, 지쳐서 하나님을 느낄 수 없을 지도 모른다. 그러나 그 때, 우리는 선택에 직면한다. 우리의 시선을 환경에만 고정하든지, 아니면 심지어 이 선택이 고통스럽더라도 하나님께 매달려 그분께 경배하든지 선택하는 것이다. 하나님의 마음은 인내하는 경배자의 제물을 **사랑하신다**. 비록 많은 문제들이 억누른다 해도, 그들은 하나님의 아름다움에 훨씬 더 압도당한다.

불을 끄는 둘째 방법은 산소를 차단하는 것이다. 경배에서는 성령의 소멸을 의미한다. 우리가 성령으로 인해 경배한다는 사실은 성경에 분명히 나와 있다(빌 3:3). 그러나 성령이 몹시 슬퍼하실 수 있다는 점도 명확하다. 에베소서 4장 30절은 우리에게 강조한다. "하나님의 성령을 근심하게 하지 말라." 그리고 나서 우리에게 성령을 근심하게 하지 않는 몇몇 방법들을 말한다. "너희는 모든 악독과 노함과 분냄 … 버리고." 이 구절이 함축하는 것은 엄청나다. 우리가 드리는 교회 예배를 예로 들어보자. 우리는 '성령이 이끄시는 경배'에 대해 많은 말을 한다. 그러나 우리가 진정으로 성령이 인도하시기를 원한다면, 우리는 매일의 삶 속에서 지속적으로 그분과 동행하고 있다고 확신해야 한다. 예배 인도자로서 이 것은 과제이며 심지어 두려운 생각이기도 하다. 나에게는 분명히 성령이 거하실 적당한 장소로 내 삶을 만들고 있다는 확신이 필요하다. 억누를 수 없이 불타오르는 예배자는 성령으로 충만해야 한다.

불을 끄는 셋째 방법은 활활 타오르게 하는 연료 공급을 중단하는 것이다. 당신이 전에 산불 광경을 텔레비전 방송에서 보았다면, 당신은 아마 알게 되었을 텐데, 소방수가 산림 전체를 다 태워버리거나 잘라 내어서, 불이 그곳에 이르렀을 때 더 이상 번지지 않게 한다.

하나님의 계시는 경배의 불을 타오르게 하는 연료이다. 그리고 항상 더 많은 연료가 있다. 우리가 마음의 눈을 열 때, 하나님의 계시는 여러 가지 다른 각도에서 우리에게 날아온다. 하나님은 창조에서, 하나님 백성의 역사를 통해서, 그리고 십자가에서 자신을 압도적으로 우리에게 계시하셨다. 그리고 오늘날까지 우리가 숨쉬는 모든 호흡이 우리의 창조자를 기억나게 하며, 매 시간 하나님 앞에서 살아갈 수 있는 가능성을 갖게 한다. 우리는 단지 이 계시를 받을 만한 곳에 우리 자신을 계속 두어야만 한다. 하나님의 말씀을 읽고, 그분께 기도하고, 서로 교제를 나누려고 교회에 가는 것과 같은 중요한 요소들이 경배의 마음에 연료를 공급한다. 바다, 산 혹은 그저 들판이라도 자연으로 나가 우리 창조주의 경이로움에 우리의 영혼을 적시는 것과 같은 다른 방법도 있다.

로마서 1장 20절은 하나님이 자신을 창조하신 모든 것을 통해 모든 이에게 계시하셨기에, 믿지 않는 사람들에게 용서란 없다고 우리에게 말한다.

우리 부부에게는 지금 메이지(Maisey)라는 아름답고 어린 딸아이가 한 명 있다. 나는 사람들이 아이의 출생을 지켜보고도 어떻게 하나님의 존재를 부인할 수 있는지 놀랍다. 메이지가 출생하기 전 9개월은 황홀한 시간이었고, 하나님의 경이로움과 그분의 창조를 우리에게 무척 많이 말해 준 시간이었다. 초음파 검사는 아이가 성장하고 커 가는 환상적인 광경을 보여 주었다. 어떻게 이 작은 아이가 아내의 몸 안에서 그 작은 심장으로 살아가고 발차기를 할 수 있을까? 어떻게 이런 초기 단계에서 조그마한 손톱까지 있을 정도로 그렇게 잘 만들어질 수 있을까? 난 우리를 향한 하나님의 선하심과 하나님이 만드신 것의 경이로움에 놀랐다. 아내의 배에 내 손을 얹어 놓았을 때 느꼈던 모든 작은 움직임과 차는 것은 나에겐 하나님의 계시였다.

너무나 자주 내가 드리는 경배가 무미건조해질 때가 있는데, 그것은 내가 불에 연료를 대주지 않았기 때문이다. 나는 하나님의 계시의 소나기 아래 나 자신을 흠뻑 적실 시간을 따로 마련하지 않았다. 번번이 시간은 중요한 요소이다. 그러나 우리가 하나님의 말씀, 하나님의 임재, 하나님의 창조에 우리 자신을 흠뻑 젖게 할 공간을 발견하고 다른 성도들과 시간을 보낼 수 있다면, 우리는 그 계시가 우리의 삶에 다시 흘러 넘치는 것을 발견할 것이고, 우리의 마음은 한 번 더 경배의 불꽃으로 반응할 것이다.

이 장을 시작하면서 나는 심지어 우리가 가장 어두운 시간에 있을지라도 하나님을 경배하라고 말했다. 그러나 그것은 우리가 비현실적인 환상 속에 살면서, 우리 삶에 잘못되는 일들이 있을 때에도 인정하지 않는 '빛나고 행복한' 그리스도인들이 되라는 의미가 아니다. 분명히 경배에는 부서지고 울어야 할 곳이 있지만,

이것을 표현하는 옳은 방식과 그릇된 방식이 있다.

우리가 울부짖으며 하나님께 마음을 쏟아 놓을 때, 결코 하나님이 누구이신가를 비판해서는 안 된다. 분명히 시편의 약 70%는 애가(哀歌)이다. 다시 말해, 슬프게 울부짖는 노래들이다.[3] 참다운 애가는 결코 하나님의 가치에 도전하거나 의문을 던지지 않는다. 그 대신, 하나님의 선하심과 위대하심이 서글픈 상황에 유일한 소망임을 알고 있다. 심지어는 우리가 가장 낮은 곳에 있더라도 기본적인 신뢰가 있어야 하며, 그러기에 경배해야 한다. 경배는 어떤 장애물도 극복하며 고통받는 신자의 마음에서 바로 하나님의 마음에 닿을 수 있는 귀중한 찬양의 노래이다. 이러한 노래들은 '심지어 가장 막막한 시간을 보내고 있다 해도, 나는 눈부신 당신의 가치와 선하신 당신의 마음을 희미하게나마 볼 수 있습니다. 나는 절망적인 상황에 있지만, 어떤 환경이나 시험도 절대 당신을 가려 버릴 수 없습니다' 라고 외친다. 이것이 희생을 치른 찬양이며 심지어 상처를 입은 찬양이다. 그러나 희생은 자주 상처를 입는다.

시편은 사실 '하나님의 임재와 부재에 드리는 찬양'으로 설명되어 왔다.[4] 다시 말해, 하나님이 가까이 계신 것처럼 보이든지 그 어디에도 찾을 수 없든지 간에, 모든 상황을 이기는 것은 경배이다. 절망의 장소에서 하나님께 깊이 부르짖는 것이 이러한 애가들이다. 그러나 그것은 정말로 '경배'인가, 아니면 단순한 '불평'인가? 어떤 측면에서는 불평이라고 할 수 있다. 하나님께 드리는 이러한 탄원들은 상한 백성의 경배곡들이다. 그러나 거의 예외 없이 그 애가들은 또 하나님에 대한 기본적인 확신과 신뢰를 보여주고 있으며, 그러기에 진정한 경배이다. 앤더슨(B. W. Anderson)

은 이렇게 설명한다. "… 애가는 진정 찬양의 표현이다. 이 찬양은 여호와가 신실하다는 확신을 단조로 드렸다 …"[5]

이런 이유로 나는 시편 89편을 좋아한다. 처음 언뜻 보았을 때, 그 시편은 전혀 애가처럼 보이지 않았다. "내가 여호와의 인자하심을 영원히 노래하며"로 시작하는 낙관적인 구절 때문에, 이 시편은 평안한 마음에서 나온 경배곡처럼 보인다. 그러나 전혀 그렇지 않다. 49절을 읽을 때, 우리는 시편 기자의 영혼에서 일어나는 투쟁을 발견한다. "주여 주의 성실하심으로 다윗에게 맹세하신 이전 인자하심이 어디 있나이까?"

그는 분명히 모순되지 않는가? 그는 하나님의 인자하심에 감사해 하는 것 같더니 그 인자하심이 어디 있냐고 의아해 하지 않은가? 그렇다! 현재 그는 하나님의 사랑을 느낄 수도 볼 수도 없지만, 하나님의 사랑이 이전에 그랬던 것처럼 그렇게 강하고 실제적이라는 것을 알고 있다. 그는 하나님의 실적을 자세히 조사했고, 그 실적이 완벽하다는 것을 알게 된 사람이다. 그래서 그는 믿음과 신뢰의 노래를 억누르지 못하고 올려 드리는 것이다.

예수님 자신도 십자가에서 끔찍하게 고난을 받으셨을 때, 시편의 애가들을 사용하셨다. 마음, 정신, 육체와 영혼이 괴로워서 예수님은 부르짖으셨다. "내 하나님이여 내 하나님이여 어찌 나를 버리셨나이까"(시 22:1). 이것은 고통의 외침이지만, 이상하게도 복종하는 헌신의 외침이다. 그러고 나서 하나님의 아들은 또 다른 시편의 애가인 31편에 나오는 구절과 함께 마지막 숨을 거두셨다. "내가 나의 영을 주의 손에 부탁하나이다"(5절). 놀랍게도, 극도로 고통스런 이 순간에 예수님은 그 당시에 일반적이던 경배의 노래를 올려 드리고 계셨다. 그리고 이렇게 하심으로써 예수님은 우리에게 격려자가 되신다. 삶에 어떤 시험이 닥쳐오더라도, 우리는 그들의 입에서 나오는 끊이지 않는 경배의 찬양으로 억누를 수 없는 경배자를 알아보게 된다.

[주]

1. Fanny Crosby, S. Trevena Jackson가 바꾸어 말함, *This Is My Story, This Is My Song* (Emerald House, 1997).
2. 위의 책.
3. Eugene Peterson, *The Message of David* (Marshall Pickering, 1997).
4. Bernard W. Anderson, *Out of the Depths* (Westminster John Knox Press, 2000).
5. 위의 책.

2. 망한 예배자

웃시야왕의 죽던 해에 내가 본즉 주께서 높이 들린 보좌에 앉으셨는데 그 옷자락은 성전에 가득하였고 스랍들은 모셔 섰는데 각기 여섯 날개가 있어 그 둘로는 그 얼굴을 가리었고 그 둘로는 발을 가리었고 그 둘로는 날며 서로 창화하여 가로되 거룩하다 거룩하다 거룩하다 만군의 여호와여 그 영광이 온 땅에 충만하도다 이같이 창화하는 자의 소리로 인하여 문지방의 터가 요동하며 집에 연기가 충만한지라 그 때에 내가 말하되 **화로다 나여 망하게 되었도다** 나는 입술이 부정한 사람이요 입술이 부정한 백성 중에 거하면서 만군의 여호와이신 왕을 뵈었음이로다(사 6:1-5).

하나님의 보좌 앞에서 선지자 이사야는 망한 예배자가 된다. 종종 하나님을 만날 때, 우리는 하나님의 온화함과 위로를 경험한다. 그러나 여기서의 만남은 전혀 다른 종류의 만남이었고, 거룩한 순간은 불안과 자기 반성으로 나타났다. 선지자는 전능하신 주님을 만나고, 결코 이와 같은 만남의 순간은 다시 없다. 선지자는 하나님의 위대하심을 깨닫고, 그 빛으로 자신의 나약함을 알게 된다. "화로다 나여 **망하게 되었도다!**"

이사야는 하나님 앞에서 깨지고 놀라고 떤다. 그러나 이러한 깨짐은 파멸이 아니다. 하나님은 그를 더 강하고 더 순수한 예배자로 다시 회복시키시려고 그를 모조리 드러내셨다. 이 회복된 예배자는 "내가 여기 있나이다 나를 보내소서"(8절)라고 마음에서 부르짖는다. 물론 경배에는 기뻐하고 만족하며 평안하기까지 한 시간이 있다. 그러나 또 하나님이 정말 우리의 마음을 편치 않게 하시는 때도 있다. 그분은 우리를 그분의 거룩하신 조명 아래 두시고, 거기에서 우리는 각자의 마음을 보다 더욱 면밀히 검토하기 시작한다. 리처드 포스터(Richard Foster)는 이것을 '하나님의 면밀한 사랑' 이라고 부른다.[1] 하나님은 항상 온유하시고 결코 잔인한 행동은 하지 않으시지만, 이것은 하나님의 강인한 사랑으로서 종종 혹독하기도 하다. 그분은 거룩한 백성을 강조하시는 거룩한 왕이시다. 하지만 그분은 또 단지 그들을 사랑한다는 이유로 자기가 사랑하는 자들을 훈련시키시는 완전한 아버지이시다.

최근에 나는 미국에서 열린 워십 투게더(Worship Together) 집회에 예배 인도자의 한 사람으로 참석했다. 평상시처럼 나는 하나님이 무엇을 하기 원하시는지 생각하며 내 마음을 준비하려고 했다. 그러나 나는 다른 예배 인도자들 가운데 한 사람이 인도한 1부 예배에서 최상의 준비를 했다.

회중 가운데 섰을 때, 하나님의 임재가 내 마음에 새롭고 강력한 방식으로 임했다. 그러나 그것은 부드럽게 위안을 주는 그런 시간이 아니었다. 그 당시 일어난 모든 것은 나로 하여금 회개하고 싶게 만들었다. 그간 알지 못했고, 이제서야 보니 하나님의 마음을 언짢게 했던 작은 무언의 태도들과 행동들이 내 마음의 표면에 떠올랐다. 자존심도 버리고, 다른 사람들의 지원을 대부분 거부하면서, 하늘 아버지의 승인을 구하고 있었다.

'왜 나는 예배 인도자로서 여기 이 땅에 있는가?' 난 궁금했다. '나는 지금 무대를 벗어나, 단지 회중 속에 계신 하나님의 마음에만 합당해야 한다.' 나는 망한 예배자였다.

그러나 그것은 바로 하나님이 원하셨던 것이다. 내가 다음 순서를 인도하려고 일어났을 때, 그분은 내가 무언가를 성취할 수 있다거나 혹은 특별하게 드릴 것이 있다고 생각하는 것을 원하지 않으셨다. 그분은 깨지고 의지하는 마음을 원하셨다. '이스라엘의 찬송 가수'인 다윗 왕이 발견한 것처럼 말이다. "하나님의 구하시는 제사는 상한 심령이라 하나님이여 상하고 통회하는 마음을 주께서 멸시치 아니하시리이다"(시 51:17).

요나서 역시 망한 예배자들의 마음에서 역사하시는 하나님에 대해 우리에게 어떤 실마리를 제공한다. 예배자가 되었을 때, 요나는 분명히 자기 자신을 살펴본다. 요나서 1장 9절에서 그는 자신을 "하늘의 하나님 여호와를 경외하는 자"라고 말한다.

그러나 매우 무서운 사람들에게 매우 엄한 말씀을 전하라고 들었을 때, 그의 자격은 혹독하게 시험을 당한다. 우리 모두는 이 이야기를 알고 있다. 그는 부르심에 따르지 않고 도망가기로 결정했고, 거대한 물고기의 배에서 끝이 난다. 물고기 안에 있을 때, 당신은 어떤 진지한 영혼 탐구의 시간을 얻는다. 그리고 오래지 않아 요나는 망한 예배자가 되어 하나님을 다시 발견하고 그분의 마음에 합당하기를 열망하게 된다. "내 영혼이 내 속에서 피곤할 때에 내가 여호와를 생각하였삽더니"(2:7).

하나님의 거룩한 사랑의 조명은 요나를 비추었다. 며칠 동안 물고기 안에 있는 것이 힘들기는 하다. 그러나 풍랑 치는 바다 속에 있으면서 더 힘들어하는 많은 사람들이 있다. 하나님은 그를 정련하는 불에 통과시키셨고, 그는 더 강하고 더 순수한 예배자로 나왔다. "나는 감사하는 목소리로 주께 제사를 드리며 나의 서원을 주께 갚겠나이다"(2:9).

그리고 이사야와 하나님의 만남이 그에게 밖에 나가 말씀을 전하고자 하는 열망을 주었던 것처럼 요나도 다시 시작한다. 이번에는 니느웨로 간다. 때때로 우리도 길을 잃고 헤매는 자신을 발견한다. 그러면 하나님이 우리를 흔드셔서 다시 바른 길로 돌아가도록 하셔야 한다. 그분은 종종 우리에게 몰락의 계절을 주신다. 이 시간에 우리는 바른 방향으로 나아가고 있는지 다시 초점을 맞추고 점검하게 된다.

몇 년 전에 나 자신이 이런 계절 가운데 있다는 것을 알았다. 우리는 새로운 경배곡으로 음반을 제작하는 일로 바빴으며, 더구나 많은 사역 일정이 이미 정해져 있었다. 어느 금요일, 일주일 내내 기타를 친 후에 나는 두 곳의 소울 서바이버(Soul Survivor) 집회를 위해 네덜란드로 떠났다. 비행기로 기타를 나르면서, 나는 팔에 통증이 시작되는 것을 알았다. 단순히 '피곤해서 그렇겠지' 라고 생각했다. 그러나 주말 동안 기타를 칠 때마다 통증은 더 심해졌다. 우리가 떠나는 그날, 나는 조금 걱정이 되기 시작했다. 나는 별 도움이 안되는 의료 처방을 받았고, 내 팔 전체가 부어오르기 시작하더니, 심지어 조금만 움직여도 괴로웠다. '어찌된 일입니까, 주님? 우리는 마쳐야 할 음반이 있어요. 저는 지금 일어난 이 일을 감당할 수가 없어요.' 그러자 내 손이 경직되기 시작했다.

일주일 후에, 놀랍게 비트시고 돌리시는 하나님의 예비하심으로, 나는 최고의 손 전문의가 있는 외과병원을 방문했다. 그 전문의는 내가 매우 심각한 건염(腱炎) 증상을 보인다고 확신하면서, 그때 자기가 보지 않았더라면, 내 손은 영원히 못 쓰게 되었을 것이라고 말했다. 끔직한 순간이었다.

이후 7주 동안 나는 거의 아무것도 할 수 없었고, 내가 기타를 칠 수 없다는 것이 나를 가장 절망하게 했다. 나는 여러 가지 문제들로 머리 속이 복잡해서 집에 앉아 있었다. 왜 이런 일이 일어났는가? 내 팔은 전처럼 완전히 회복될까? 마귀가 그렇게 했나? 아니면 하나님이 하신 건가? 나는 정말 아무런 신학적 답변도 갖고 있지 못했다. 그러나 곧 나는 그 질문의 답변이 무엇이건 간에 하나님이 이 상황에서 일하고 계시다는 것을 깨달았다. 하나님은 내게 말씀하기 시작하셨다. 종으로서 나는 무익하며, 상전의 말에 따라 종은 오고 간다. 그리고 하나님은 우리 중 누구에게라도 그 분의 왕국에서 무슨 일이든 하도록 선택하실 수 있다. 예배 인도자로서 나는 대체될 수 있었다. 우리가 일부분을 담당할 특권이 있었던 그 집을 위해 하나님은 누군가를 사용하실 수 있었다. 그러나 하나님의 아들과 자녀로서 나는 없어서는 안될 존재였다. 결코 다른 내가 될 수 없었다. 자녀는 대체할 수 없다. 나는 내 삶을 어떻게 살아가야 할지 더 나은 관점을 가지기 시작했다.

나는 수년 동안 예배를 인도하면서 내가 가진 계획을 다소 잃어버렸다. 그리고 하나님은 나에게 '피트 스톱'(pit stop, 자동차 경기 중 급유나 정비를 위해 정차하는 곳—역자 주)을 주셨다. 이는 내가 마음으로 오랫동안 미루어 왔던 어떤 일을 할 수 있는 기회였다. 망한 예배자가 되는 것은 무엇을 의미하는지 다시 한 번 그분은 나에게 가르치셨다. 7주가 지나고 내 팔이 훨씬 좋아졌을 때, 나는 하나님이 사랑하는 훈련 방식으로 나에게 복 주시려고 그 계절을 얼마나 많이 사용하셨는지 알게 되었다. 18세기 프랑스 그리스도인인 프랑소아 페넬론(François Fenelon)은 이렇게 썼다. "우리의 모든 몰락은 그 몰락으로 우리가 하나님을 계속해서 신뢰하고 겸손을 버리지 않으면서, 우리 자신에 대한 비참한 확신에서 벗어나게 된다면 유용한 것이다."[2]

하나님은 우리를 다양한 방법으로 망하게 하신다. 우리 주위의 상황으로, 주님의 영광을 희미하게 하심으로, 또 우리가 어수선한 일을 겪을 때 그 상황에 대한 단순한 언급을 통해서 말이다. 그러나 그분은 결코 오랫동안 그렇게 우리를 떠나지 않으신다. "저녁에는 울음이 기숙할지라도 아침에는 기쁨이 오리로다"(시 30:5). 정말 자주 우리의 삶에서 하나님께서 내리시는 훈련의 손길 뒤에는 재빨리 하나님의 따뜻한 손길이 이어진다. 이사야 40장에서 하나님의 백성들은 이것이 사실임을 깨닫는다. 39장의 마지막에 한바탕 거친 비난이 나온 뒤에는 온유하고 새 힘을 주는 말씀이 온다. "너희 하나님이 가라사대 너희는 위로하라 내 백성을 위로하라 너희는 정다이 예루살렘에 말하며 그것에게 외쳐 고하라 그 복역의 때가 끝났고 …"(사 40:1-2).

그래도 때때로 우리는 '절뚝거리고 걸으면서' 떠나기도 한다. 우리는 새로운 계절로 길을 떠나지만, 하나님은 우리 안에 그분이 행하신 일이라고 기억나게 하는 것을 뒤에 남기신다. 사도 바울은 절뚝거리며 걸었거나, 아니면 자신이 설명한 대로 자기가 없어지기를 간절히 원했던 '육체의 가시'를 지니고 걸었다. 그러나 하나님은 이것이 약함을 기억나게 하는 것이라고 분명히 하셨고, 곧 바울 자신도 이것을 자신이 교만해지지 않게 하는 것으로 보게 되었다(고후 12:7-9).

이따금씩 나의 건염은 아직도 재발하며, 사실 지금 이 글을 쓰면서 도졌다. 의사는 그 병이 항상 재발할 수 있다고 말했다. 아마 언젠가 나는 완전히 치유될 것이다. 나는 정말 그렇게 되기를 바란다. 그러나 이제 이 병이 나를 괴롭히는 모든 시간 동안 나는 그 상황 속에서 내게 하나님이 말씀하셨던 모든 것을 기억하게 된다. 이 병은 내가 다시 무릎을 꿇고 망한 예배자로 남으라는 초대인 것이다.

[주]

1. Richard J. Foster, *Spiritual Classics* (Fount, 2000). 「영성 고전 산책」(두란노 역간).
2. François Fenelon, *Talking with God* (Paraclete Press, 1997). 「깊은 기도 생활을 위한 편지」(은성 역간).

3. 천한 예배자
the undignified Worshipper

경배곡들을 작곡하는데 주목할 점은 당신이 간청하여 실재로 용기를 얻게 된 것 말고도 성경을 인용할 수 있다는 것이다! 몇 년 전에 나는 〈천한〉(Undiginified)이라는 노래를 작곡했다. 내가 그 곡을 작곡했다고 말할 때, 내가 정말 한 것은 수 천년 전에 다윗 왕이 작성한 구절을 훔치는 것이 전부였다. 그들은 마침내 주님의 법궤를 메고 예루살렘으로 돌아왔고, 다윗은 매우 흥분해서 미친 사람처럼 춤을 추었다. 다윗의 아내 미갈은 이것 때문에 다윗을 경멸했고, 다윗은 우리가 익히 알고 있는 구절을 적었다. "내가 여호와 앞에서 뛰놀리라 내가 이보다 더 낮아져서 스스로 천하게 보일지라도"(삼하 6:21-22).

나는 다윗이 송축한 상황을 보고 가장 큰 충격을 받았다. 그는 이 사건에서 단지 군중들 가운데 한 명이 아니었다. 그는 왕이었다. 보호자의 공적인 상징으로 위대한 지위를 가진 사람이 있었다. 그 사람에게는 우리가 상상할 수 있는 것보다 훨씬 많은 힘과 권위와 부가 맡겨졌다. 그러나 그는 앞장서서, 하나님을 경배하며 공적인 자신의 입장을 '잃어버리고', 그렇게 찬양의 불로 어떤 금지 사항들이나 자부심에 상관없이 그의 경배는 활활 타올랐다. 참다운 경배는 항상 그 자체를 잊어버린다.

찬양에 해당하는 히브리어 단어 중 하나인 **'할랄'**(Hallal)은 주님 앞에서 '시끄러운 바보처럼' 되거나 '미치는' 것을 의미한다 (여기에서 바로 우리가 사용하는 '할렐루야'〈Hallelujah〉가 나왔다). 경쟁이 '심해진다는 이유'에서 하나님의 교회는 무엇보다도 좀 자제해야 하지만, 그러나 너무 자주 이 영역에서 뒤쳐져 있는 우리 자신을 발견한다. 이제는 우리의 예배에서 우리가 좀더 거룩한 손해를 보아야 할 때가 아닌가?

나는 솔직히 이런 나 자신에게 심한 가책을 느낀다. 단지 내 인격 탓으로 돌릴 수도 있지만, 깊이 내려가면 내가 알기에 이 이야기가 전부는 아니다. 가끔은 경배에서 더 대단한 자유를 희미하게 보게 된다. 내가 열다섯 살이었던 어느 날 밤, 우리는 평소대로 금요일 밤 청년 모임을 하고 있었다. 그러나 경배의 노래를 부르는 동안, 하나님은 정말 새로운 방법으로 나의 마음을 붙들고 계셨고, 나는 그분을 향한 사랑으로 폭발하는 것 같았다. 나는 기를 쓰고 어떻게 해서든 이 예배를 끝냈지만, 노래만으로는 충분하다고 느끼지 못했다. 그러나 나는 정말 결코 춤을 추는 정도까지는 나아가지 못했고, 더구나 그렇게 행할 수 있는 선택권이 있었던 나에게 아무 일도 일어나지 않았다! 나의 예배가 계속되는 동안에 점점 열광적으로 되자, 나는 신발을 신는 것도 잊고서 교회 밖으로 서둘러 나왔고, 10분 동안 주차장 주위를 달렸다. 내 모습은 틀림

없이 바보처럼 보였을 것이다. 그러나 그 시간에 나는 조금도 내 모습을 신경 쓸 수 없었다. 나는 나를 보았던 사람들이 이것을 모두 얼마나 이상하게 쳐다보든지 상관이 없었다. 나는 하나님 앞에, 오직 그분 앞에만 있었다. 오스왈드 챔버스(Oswald Chambers)가 말한 것처럼 "거리낌없는 행동의 결과는 결코 우리의 예측대로 들어맞지 않는다. 왜냐하면 우리의 삶은 그렇게 그분과 교제하기 때문이다."[1]

우리는 그렇게 사랑에 사로잡혀서 다른 사람들이 어떻게 생각하든지 잊어버리고 하나님의 기쁨 속에 자신을 드리는 일을 이상하게 여긴다. 나는 더욱 이런 시간들을 열망한다. 나는 거리낌없는 경배가 극단적인 방식으로 흘러 넘쳐서 내 마음이 예수님으로 그렇게 타 버리는 계절이 있기를 기대한다.

때때로 우리는 하나님이 **우리에게** 얼마나 열정적이기를 원하시는지 기억해야만 한다. 예수님의 탕자 이야기는 하나님의 열정적인 마음을 그린 최고의 그림이 되어야 한다. 고집불통의 아들을 집으로 반갑게 맞는 아버지는 그 자체로도 대단하지만, 그 아버지가 아들을 환영하는 방식은 훨씬 더 감동적이다. 이 부유하고 고귀한 아버지는 모든 지위를 잊고서, 아무것도 거리끼지 않고 자기의 아들을 향해 달려간다. 이것은 그의 위치에 걸맞은 행동이 아니었다. 달려가야 할 어떤 일이 있으면, 그는 항상 종을 보내 그 일을 하라고 했을 것이다. 그러나 그가 자신의 아들에게로 달려갈 때, 우리는 거리낌없는 엄청난 사랑의 강한 모습을 보게 된다. 우리의 하늘 아버지도 이와 똑같이 거리낌없이 무척이나 우리를 사랑하신다. 그리고 이에 대한 우리의 유일한 반응은 열정적이고 천한 예배이다.

윌리암 버클레이(William Barclay)는 언젠가 이렇게 적었다.

사랑은 대체로 정확한 계산을 하려고 멈추지 않는다. 사랑은 상대적으로 줄 수 있는 것이 얼마나 적은가를 산출하고자 멈추지 않는다. 하나님과 같은 엄청난 종류의 사랑은 가진 것을 모두 주며, 결코 그 비용을 계산하지 않는다. 계산은 어느 쪽으로도 사랑이 아니다.[2]

우리는 최근에 맨체스터에서 대형 소울 서바이버 사역을 마쳤다. 그곳에서 우리는 전심을 다한 예배와 헌신을 드린 감동적인 경우들을 많이 보았다. 재정적으로 상당한 비용이 들었고, 헌금은 그 비용의 일부를 메울 수 있을 정도였다. 한 젊은 부인이 우리에게 4,521.02 파운드의 이상하게도 정확한 금액이 적힌 수표를 건네주었다. 이 일로 깊이 감동했을 뿐 아니라, 또 우리는 묘한 충격을 받았다. 이 얼마나 신기한 금액인가! 우리는 후에 그녀가 하나님을 경배하는 행위로 자신의 건물 조합 계정에서 남은 잔액을 전부 인출한 사실을 알았다.

그 젊은 부인의 경우는 천한 예배자들의 마음을 잘 설명한다. 완전히 하나님께 사로잡혀서, 그들은 다른 생각은 하지 않고, 그분께 자신을 드린다. 그녀는 그 비용을 계산하기 위해 머뭇거리거나 자기 행동의 찬반 양론을 숙고하느라 며칠을 보내지도 않았다. 어떤 사람들은 천해진 순간에 '어리석다'고 말하기도 하겠지만, 그녀는 자기가 가진 모든 것을 기쁘게 드렸다. 하나님은 터무니없이 기꺼이 드리는 예배자를 사랑하신다.

엄청난 예배자의 또 다른 예는 찰스 웨슬리(Charles Wesley)

였다. 50년이라는 시간에 하나님이 사랑한 이 천한 연인은 6,500여 곡의 찬양을 작곡했다. 그의 초기 찬양 중 하나는 그리스도인이 된 첫 기념으로 작곡했는데, 〈만 입이 내게 있으면〉(O For a Thousand Tongues)이었다. 내가 처음 이 찬송을 들었을 때, 혼자 속으로 생각했다. '만 사람이 하나님을 노래하는 것은 실제로 전부 그렇게 감동적이지 않다. 결국에는, 우리가 그것보다는 더 큰 만남 속에 모두 있었을 가능성이 있다.' 그러나 그 때 나는 웨슬리가 정말 상상했던 것을 발견했다. 그는 만 입을 가진 자신을 그리고 있었던 것이다! 그는 말하고 있었다. "나는 만 입을 가지기를 원한다. 그러면 만 입의 각각으로 하나님을 찬양했을 테니까." 어떻게 보면 완전히 미친 것 같지만, 최고로 아름다운 경배의 모습이다.

나는 우리가 우리 안에 있는 그 어리석은 경향을 좀더 갖게 되기를 확신한다. 이것은 우리의 삶과 제물까지 극도로 거의 한계선을 넘는 것이다. 내 삶의 대부분을 나는 그리스도인으로 살아 왔고, 나이가 들수록 내가 가장 겁내는 일들 중 하나는 그 한계선을 잃고 있다는 것이다. 삶은 계속해서 굴러가고, 우리는 더 많은 압박과 책임과 혼란 속에 있는 자신을 발견한다. 그러나 핵심은 어떻게 해서든 하나님께 거리낌없는 활기찬 마음을 유지하는 것이다. 나는 오늘도 여전히 주차장 주위를 달리고 있는가? 아니면, 먼저 신발을 신으려고 머뭇거리다가 '누군가 보기라도 하면' 아예 그 일을 하지 않기로 작정해 버리는가?

예루살렘의 그날로 돌아가 보면, 춤추는 다윗 왕은 완전히 자신도 모르는 사이에 하나님으로 타올랐다. 그는 누가 보고 있거나 그들이 어떻게 생각하거나 전혀 신경 쓰지 않았다. 그는 할 수 있는 모든 것으로 경배하며 흠모의 마음을 지니고 있었다. 누가복음 6장 45절에서 예수님은 우리에게 말씀하신다. "이는 마음의 가득한 것을 입으로 말함이니라."

마찬가지로 우리 마음에 쌓아 놓은 것으로 우리도 노래하고 섬기며 살아간다. 다윗 왕이 열광적으로 춤을 춘 이유는 모두 그것 때문이었다. 이것은 보여주기 위한 것도 아니었고, 아드레날린이나 마약 때문도 아니었다. 그의 마음에 있던 하나님을 향한 사랑이 풍성하게 흘러 넘쳤기 때문이었다.

그리고 이것은 우리의 경배에 가치 있는 교훈을 준다. 미칠 정도로 힘이 넘칠 때, 우리는 이것이 단지 예수님을 향한 우리의 마음이 풍성한 것이라고 늘 확신해야지, 절대 다른 사람들에게 보여주기 위한 것이 되어서는 안된다. 예배 인도자들은 이것을 주의해야 한다. 한 때 풍성한 마음에서 나왔던 순수한 행동은 다른 사람들 앞에서 무대에 섰을 때 너무나 쉽게 하나의 공연이 되어 버린다. 우리는 하늘 보좌 앞에서 사람들을 인도할 때 슬그머니 기어 들어오는 공연의 요소들을 경계해야 한다. 하나님은 우리가 영원히 찬양할 만큼 충분히 아름답고 존귀하신 영광스러운 분이다. 그러기에 우리는 우리를 감동시키려고 애쓰거나 몇몇 찬양으로 '마약'을 주려고 하는 예배 인도자는 정말 필요 없다. 사실 그것은 하나님에게서 주의를 산만하게 하는 죄이다. 그리고 사람들은 보통 이런 일이 일어난 것을 마음으로 알게 된다. 예배 인도자들은 가능한 한 민감하게 주님께 집중해야지 절대 자기 자신에게 집중해서는 안된다.

사람들이 따르기에 충분할 정도로 강하게 인도하지만, 아주 강하게 자기 자신들에게 초점을 맞추지 않는 자들을 나는 좋은 예배 인도자들이라고 자주 정의한다. 당신이 이점을 고려한다면, 모든 관심을 끌고 있는 예배 인도자들은 실재로 자신의 일을 잘 수행하지 못하는 것이다. 좋은 예배 인도자가 되는 것은 아주 간단하다. 그들은 궁극적으로 자기들의 목표를 이루지 않는다. 이런 위치에 대해 말하는 옛날 찬송이 있다. "우리의 음악으로 하나님이 영화롭게 되실 때, 숭배는 자만할 여지를 남기지 않는다."[3]

하나님의 보좌가 계신 곳에는 자만할 여지가 없다. 우리가 다른 사람들을 거룩한 곳으로 안내하려고 한다면, 우리는 깊이 내려가 아직도 사람들의 관심 집중을 받기 원하는 우리 안에 아무것도 없다는 것을 확신해야 한다. 그분은 커져야 하고, 우리는 작아져야 한다. 주님은 더욱 위대해져야 하고, 우리는 더욱 하찮아져야 한다.

오, 하나님, 예배자나 예배 인도자나 마찬가지로 당신과의 사랑에 사로잡혀서 우리 자신의 지위나 명성에 아무 신경도 쓰지 않는 그곳으로 우리를 인도하소서. 그곳에서 우리가 경배하며 당신을 그렇게 만나고, 당신의 경이로움과 사랑과 찬양 속에서 우리 자신을 잃어버리게 하소서.

[주]

1. Oswald Chambers, *My Utmost for His Highest* (Oswald Chambers Publication, 1995). 「주님은 나의 최고봉」(기독교 문서 선교회 역간).
2. William Barclay, *The Mind of Christ* (HarperCollins, 1976).
3. F. Pratt Green.

4. 예측할 수 없는 예배자

십자가에 차츰 다가가는 주간이었고, 긴장감으로 예수님은 대가를 치르고 있었다. 가혹하고 부정적인 태도들에 둘러싸였으며 배신이 기다리고 있었기에, 그 압박은 날마다 가중되었다. 곧이어 겟세마네와 골고다의 고통이 있었다. 하지만 이렇게 괴로운 가운데에서도 '쓰디쓴 사막에서 달콤한 오아시스 같은'[1] 아름다운 행동이 일어났다.

예수님은 시몬이라 부르는 사람의 집에 계셨고, 그때 갑자기 한 여자가 향유 옥합을 들고 방으로 들어왔다. 아무런 설명도 없이 그녀는 옥합을 깨뜨려, 부끄러워하지 않고 예수님의 머리 위에 옥합의 향유를 전부 쏟아 부었다. 이렇게 하는 것은 미친 일이었고, 거기에 있던 모든 사람들이 이 사실을 알았다. 그렇게 여긴 한 가지 이유는 막대한 비용이 들었기 때문이다. 이 향유는 한 번에 전부 사용하는 것이 아니라, 한 방울씩 떨어뜨려 일정하게 사용하는 것이었다. 그러나 예수님은 이 행위를 그런 식으로 보지 않으셨다. "저가 내게 좋은 일을 하였느니라"(막 14:6).

그분에게 이것은 시기 적절한 헌신의 행동이었다. 예기치 못한 특별한 행동이었지만, 하나님의 아들에게는 매우 의미가 있었다. 이것은 냉소적인 종교적 태도에 물들지 않은 한 여자의 행동이었다. 그녀는 그날 종교적 태도들과 마주쳤지만, 그런 태도들 때문에 영향받지 않았다. 이것은 '규칙들'을 알지 못했던 한 여자의 경배였다. 예수님의 영화로움을 보기 원했던 예측하지 못한 때문지 않은 마음이었다.

오늘날 예수님의 예배자인 우리도 우리의 경배에서 이런 종류의 예측 불가능성을 계발할 필요가 있다. 우리가 살아 계신 하나님 앞에 나아올 때 항상 신선하고 놀라운 측면들이 있어야 한다. 이런 것들이 바로 생명의 표시이다. 경배는 서로 대면하여 즉흥적인 방법으로 사랑이 오고 가는 흥미진진한 만남의 장소라고 할 수 있다. 게리 퍼(Gary Furr)와 밀번 프라이스(Milburn Price)는 이렇게 말했다. "경배는 대화이며, 단순한 과거의 회상이 아니기 때문에, 역동적이고 예측할 수 없으며 끝없이 열려 있다."[2]

물론 이것은 똑같은 형식을 추구하는 몇몇 예배에 해당하는 말이다. 전통들은 교회의 전반적인 주류를 형성하며, 그것이 나쁜 것은 아니다. 하나님은 종종 이런 방식으로 역사하시고자 한다. 익숙한 요소들은 예배자에게 자신감을 줄 수도 있다. 그러나 전통만으로는 생명력을 잃고 전통 그 자체로 즐거워하면서 즉흥적인 사랑의 여지를 남기지 못한다. 우리가 하나님을 경배하려고 만날 때, 중요하기는 하지만 절대 구조가 생명을 빼앗아 가게 해서는 안 된다. 그리고 종교는 절대 연애 감정이 무뎌지게 해서는 안 된다. 체스터튼(G. K. Chesterton)은 '때때로 우리의 경배가 애정 사건보다 더 이론적'이라고 염려했는데, 아마도 이 점을 지적한 것 같다.

하나님은 그의 신부인 교회의 마음을 얻었다. 이것은 메마르고 예측 가능한 관계라는 의미가 아니다. 이것은 생명과 활력이 충만한 '신과의 연애'³⁾이다. 진정한 연애는 결코 예측할 수 없다. 진정한 연애는 흠모하는 사람에게 본능적인 반응들을 드러낼 수 없다. 연애의 마음은 마음을 두드리는 이에게 다가가기 위해 새롭고 창조적인 방법들을 찾아 나선다. 사랑에 빠진 사람들은 정신나간 짓을 많이 한다. 가끔은 심지어 그들의 주위 사람들을 당황하게 만들기도 한다. 그날 향유 옥합을 들고 예수님께 온 여자도 아마 그 방에 있던 모든 독신자들을 당황하게 했을 것이다. 물론 예수님만 제외하고 말이다.

이제 그리스도의 신부는 자기가 사랑하는 오직 한분을 위해 좀 더 미친 짓을 할 때가 아닌가? 요한계시록 2장에서 예수님은 그 교회가 처음에 했던 것들을 하기 바란다고 우리에게 말씀하신다. 예수님의 말씀에 따르면, 에베소 교회는 사랑이 떠난 것 같다. 그 교회는 고난을 견디고 있기는 하지만, 더 이상 예수님을 기뻐하지 않는다. 견디기는 하지만, 더 이상 기뻐하지 않는 것은 어떤 종류의 관계인가? 이 교회가 언젠가 알게 되었던 첫사랑은 어디에 있는가? 풍부한 상상력으로 흠모를 드러내며 한 때 꿈꾸었던 연애의 감정은 어디에 있는가?

냉소적인 사람은 이것이 바로 현실적인 삶이며, 이런 류의 전락은 부득이한 일이라고 말할 것이다. 때때로 내 안에 있는 냉소적인 존재도 똑같은 말을 한다. 나는 하나님과 함께 하는 내 삶에서 높은 수위를 기록했던 몇몇 순간들을 다시 생각한다. 그때 내 마음은 예측할 수 없는 미친 방식으로 하나님을 더욱 흠모할 준비가 되어 있었다. 내가 처한 종교적 환경이 어떤 것인지 신경 쓰지 않았다. 나는 옥합의 뚜껑을 깨고 아낌없이 향유를 부을 준비가 되어 있었다. 그러나 지금 나는 때때로 열정이나 자발성 없이 하나님을 향한 나의 사랑의 기름을 한 방울씩 배급해 드리는 나 자신을 발견하며, 너무 특별하거나 자리에 맞지 않은 것 같은 경우에는 예측하지 못한 경배를 드리기가 두려워진다. 그러면서 나는 예배 인도자가 되려는 마음을 갖고 있다!

그러나 나는 영으로 살아 계신 하나님과의 관계는 옛날 신발 짝같이 닳거나 해어지는 것이 아니라는 점을 안다. 이 관계는 응답해 주시는 바로 그 은혜처럼, 아침마다 새로워야 한다는 의미이다. 내 마음에, 더 중요하게 하나님의 마음에는, 경배의 연애 장소, 즉 첫사랑을 회복하라는 부르심이 있다. 이것은 우리 모두에게 하신 하나님의 초대이다.

하나님은 종종 예배 인도자들에게 예상하지 못한 것을 하라고 부르신다. 때때로 하나님은 특별한 순간에 특별한 것을 준비하신다. 하나님이 하고 계실 때, 아버지가 하시는 것을 우리도 하면, 하나님은 힘있고 놀라운 방식으로 우리 예배에 갑자기 들어오실 것이다. 제 때에 정확하게 아버지가 하시는 것을 하는 것이 모든 사역을 효과적이게 하는 열쇠이다.

몇 년 전에, 마이크 필라비치(Mike Pilavachi)와 나는 사역 여행으로 노르웨이에 초대를 받았다. 그때 마이크는 비행기 타기가 겁나서 비행기 대신 여객선을 타자고 주장했다. 그래서 불행하게도, 단지 공항까지 40분, 그리고 비행시간 90분이면 되는 것을,

여객선 페리호가 있는 곳까지 차를 몰고 가는데 6시간, 이어서 바다를 가로질러 가는데 26시간이 들었다(내가 아직도 치를 떤다는 말은 아니다!). 내가 악몽까지 꾸자, 여객선 안에서 할 수 있는 유일한 것은 빙고 놀이였다. 그래서 우리는 정말 지루한 여행을 했다. 거두절미하고(여하튼 길었단 말이다) 나는 너무 안 좋은 기분으로 노르웨이에 도착했다.

마침내 우리는 젊은이들의 모임 장소로 갔다. 이 모임은 힘든 모임들 중의 하나였고, 그곳에 모든 것은 싸우고 있는 것 같았다. 나는 다양한 접근들을 많이 시도했지만, 아무것도 소용이 없는 듯했다. 모든 것이 실패였고, 아무도 진실로 호응하지 않았으며, 나 자신이 침몰하는 느낌이었다.

갑자기 어떤 노래가 내 마음에 들어왔다. 그러나 이 노래는 그 순간 내가 듣기 원했던 종류가 아니었다. 기적처럼 모든 사람들을 예배로 끌어들이는 새롭고 자연스러운 노래가 아니라, 내가 생각하는 것은 전부 그 당시에 음악 순위에 올라 있던 마이클 잭슨(Michael Jackson)의 〈당신은 혼자가 아니에요〉(You are not alone)라는 노래였다. 나는 다음 예배 시간에 이 노래를 부르라고 말하는 작은 속삭임을 느꼈다. '나는 그렇게 하지 못해!' 나는 나 자신에게 말했고, 심지어 내가 이런 생각까지 한 것이 당황스러웠다. 그러나 이 생각은 떠나지 않았고, 내가 곧 직면한 사실은, 실재로 일이 더 나아지면 나아졌지 더 이상 악화될 수 없다는 것이었다. 그렇게 내가 더 낫다고 생각하는 판단들을 모두 물리치고, 앞장서서 그 노래의 코드를 생각하느라 애쓰면서 나는 이 노래의 후렴 부분을 불렀다. "당신은 혼자가 아니에요, 내가 여기 당신과 있어요…"

끔찍한 순간이었다. 노래를 시작하고 몇 분만에 나는 '이 얼간이아, 너 뭐하고 있니? 너는 예배를 인도하려고 해야지, 값싼 소리로 겉모양을 바꾸려 해서는 안돼!' 라고 생각했다. 나는 단지 팽팽한 줄 위를 걸어가는 느낌이라고 상상할 뿐이었다. 언젠가 당신도 걸어 본 적이 있었다면, 거기서 벗어날 방법은 없고, 다만 할 수 있는 일은 아래를 보지 않고 계속 가는 것뿐이다. 그래서 나는 눈을 감고, 최선을 다하기 원했으며, 다음 여객선 시간이 언제인지 궁금했다.

모임이 끝난 후에, 내가 머리를 숙여 기타를 챙기고 있었을 때, 한 무리의 십대들이 나에게 다가왔다. 알고 보니 그들은 그리스도인이 아니었고, 마이클 잭슨의 노래가 그들을 모임으로 들어오게 한 유일한 입구였다. 우리는 몇몇 다른 팝송을 함께 부른 후에 잠깐 이야기를 나누었다. 우리가 함께 한 짧은 시간이 끝나갈 무렵, 나는 교회를 대하는 그들의 태도가 약간은 변했음을 알 수 있었다. 나는 생각했다. '감사해요, 주님. 결국은 이것으로 무엇인가 선한 일을 드러내셨군요.' 그들이 자리를 뜨자, 내 눈 한 구석에 울며 다가오고 있는 한 숙녀가 보였다. 내가 그녀에게 말하기를 멈추고 그녀가 내게 자신의 이야기를 말했을 때, 나는 즉시 하나님이 줄곧 역사하고 계셨다는 것을 깨달았다. "저는 오늘 밤 최악의 상황에서 이 모임에 나왔어요. 저는 여기에 오려고 6시간이나 여행을 했고, 오는 동안 내내 하나님께 부르짖었어요. '왜 당신은 저를 홀로 남겨 두셨나요? 하나님, 당신은 저만 홀로 남겨 두셨고, 그래서 저는 절망했습니다. 저는 마지막 수단으로 이 모임에 가려고 합니다. 당신께서 제게 들려 주셔야 저는 제가 혼자가 아니라는 것을 알게 됩니다.'"

내가 "당신은 혼자가 아니에요. 내가 여기 당신과 함께 있어요"라는 그 노래를 소리내어 부를 때, 이 숙녀에게서 눈물이 터져 나왔다. 하나님은 매우 직접적이고 개인적인 방식으로 절망적인 그녀의 기도에 응답하고 계셨다.

이것은 나에게 그렇게 자주 일어나는 이야기는 아니지만, 아직도 좋은 기억으로 남아 있다. 우리는 항상 우리의 경배에서 예기치 않은 일이 일어날 여지를 남겨야 한다. 때때로 하나님은 그분의 지혜로 우리가 어리석다고 보는 것을 통해 힘있는 발걸음을 들여놓으신다.

예배 인도자로서 어떤 흐름이나 형식을 따라 가는 것이 쉬울 수 있다. 당신이 선택한 곡들로 계획을 세우고 인도하는 것은 잘못이 아니다. 실제로, 그것은 정말 중요하다. 그러나 또 연애를 위한 공간도 남겨라. 어느 때든지 성령님이 당신을 새로운 곳으로 인도하도록 당신의 사고 방식에 그분과 속삭이는 공간을 두라. 카디널 수넨스(Cardinal Suenens)는 언젠가 이렇게 말했다. "하나님의 영은 뜻밖의 햇빛으로 인간의 수준에서 예측을 하도록 말씀할 수 있다."[4]

우리가 다음에 어디로 가고 있는지 정말 아무도 모르는 그런 신선함으로 하나님이 개입하시는 역동적인 경배의 시간보다 더 흥미 있는 일은 없다. 성령님은 가장 놀랍도록 깊이 있는 보좌의 방에 우리를 데려 가실 것이고, 가끔은 우리가 전에는 결코 가본 적이 없는 길로 그 보좌의 방에 우리를 데려갈 것이다.

예배 인도자는 항상 예측할 수 없는 행동을 해야 한다는 말이 아니다. 그것은 어리석은 짓이다. 우리가 그렇게 했다면, 모든 사람은 곧 짜증을 낼 것이고 계속 그렇게 하기가 힘들었을 것이다.

루이스(C. S. Lewis)는 예배를 드리면서 너무나 많은 새롭고 예측할 수 없는 순간들이 실재로 예배를 드리는 것보다는 그 예배 자체에 초점을 맞추게 하기 때문에, 결국 사람들을 떠나가게 했을 것이라고 생각했다. 아니면 사람들의 눈을 예수님 대신에 그 예배에 고정시켰기 때문이라고도 말할 수 있다. 그는 예배 인도자들에게 상기시킨다. "베드로의 임무는 '내 양을 먹이라'였지, '내 쥐들로 실험하라'였거나, 심지어 '재주 부리는 나의 개에게 새 기술을 가르치라'가 아니었다!"[5]

핵심은 예언자적인 것(새로운 땅을 침범하고자 하는 열망)과 목회적인 것(우리와 함께 있는 사람들을 사로잡으려는 열망) 사이에 어쨌든 바른 균형을 잡는 것이다. 우리는 성령님께 이것을 행할 통찰력과 지혜를 달라고 구해야만 한다.

나는 최근에 누군가에게서 '예배 인도자들'이라는 말 대신 '인도하는 예배자들'이라는 용어가 사용되는 것을 들었다. 나의 즉각적인 반응은, 솔직히 '그래, 아주 똑똑하네. 교활한 말장난이나 하고 있으니'였다. 그러나 이것을 생각하면 할수록, 이 작은 말장난이 실재로 사물들을 바라보는 방식에 매우 도움을 준다고 더욱 깨닫게 된다. 여기에는 성령님이 바로 궁극적인 예배 인도자라는 현실감이 있다. 그분은 우리의 경배 시간에 일어나는 의미 있는 모든 것들의 대리인이다. 빌립보서 3장 3절은 우리가 "하나님의 성령으로 봉사(경배)한다"고 말하며, 예수님은 성령님의 주요 역할이 예수님께 영광을 돌리는 것이라고 지적하신다. 그러면 사람인 '예배 인도자'는 더욱 '인도하는 예배자'에 어울린다. 즉 성령님의 인도를 따르고자 노력하고, 다른 사람들이 따라야 할 모범으로서 전심으로 자기 자신을 경배에 던져야 한다.

사물을 바라보는 이런 방식은 예배 인도자들, 또는 우리가 여기서 그들을 부르고 있는 인도하는 예배자들에게 어떤 큰 암시를 하고 있다. 첫째로 이 방식은 압력에서 벗어나게 할 수 있다. 우리는 경배가 일어나도록 **만들** 수 없다는 사실을 강조한다. 엄청난 노력이나 마약을 복용한다고 해도 참다운 경배를 전달할 수 없다. 우리는 항상 하나님의 성령으로 경배한다.

인도하는 예배자들을 위한 둘째 암시는 이 사실로 우리가 계속해서 의지하게 된다는 점이다. 오스왈드 챔버스는 이렇게 말한 적이 있다. "전적으로 연약하여 의지하는 것은 항상 하나님의 영이 자신의 능력을 드러내실 기회가 될 것이다."[6] 이것은 예배를 인도하는 일과 관련된 우리 같은 사람들에게 실제적인 교훈이 된다. 우리는 어떻게 곡들을 연결하고, 어떻게 잘 연주해서 훌륭한 경배를 드릴 것인가 하는 실질적이고 외부적인 측면을 너무 많이 듣는다. 내 말을 오해하지는 말라. 이런 많은 요소들도 중요하다. 그러나 핵심은 결코 하나님의 성령을 대체할 수 있는 것은 없다는 사실을 명심하는 것이다. 그분이 관여하지 않으시면, 우리는 그 어떤 탁월한 음악적 재능이나 편곡 기술로도 결코 그 공간을 메울 수 없다는 사실을 알게 될 것이다. 나는 경배 중에, 몇몇 멋진 음악가들과 함께 연주할 특권을 누렸다. 더구나 본교회에서도 우리는 능숙한 음악가들이 많아 복을 누렸다. 그런데 가끔 나는 거기에 너무 비중을 두고 의존하면서, 내가 훌륭한 악단과 함께 한다면, 우리는 '훌륭한 경배'를 드릴 것이라고 생각하는 나 자신을 발견했다. 그러나 하나님은 곧 내게 그분을 의지하고 항상 의지하게 되는 것이 중요하다는 사실을 상기시키셨다. 경배는 음악 집회이기 이전에 영적 집회이다.

사물들을 바라보는 이 방식이 주는 셋째 암시는 모든 경배가 무대로부터 시작해서는 안 된다는 점이다. 이것은 앞에서 인도하는 경배자가 취해야 할 정말 유익한 모범이 될 수 있다. 어떤 예배 인도자들은 하나님이 어떻게 우리를 인도하기 원하시는지를 생각하는데 시간을 투자했고, 우리 모두가 함께 참여할 수 있는 어떤 실질적인 기술들을 뽑아내기도 했다. 그러나 이것은 하나님이 그 밖의 다른 사람들을 통해서도 인도하기 원하신다는 것을 깨달아야 할 그 개인의 책임이기도 하다. 누구든지 자유롭게 노래를 시작할 수 있다고 느끼며, 성령님이 인도한다고 느끼는 지시에 따라 움직일 수 있도록 우리가 환경을 조성할 때 매우 강력해 질 수 있다. 그리고 다시 말하지만, 이것은 앞에 선 사람들을 압력에서 벗어나게 한다. 나는 다음에 무엇을 해야 할지 전혀 이해하지 못한 적이 많았고, 바로 그때 놀라운 일이 회중 가운데 일어나기 시작했다.

때때로 우리는 성령님이 정말 누구인지 잊어버리는 덫에 걸린다. 교회의 어떤 쪽에서는 성령님을 무시하려고 하는 반면에, 다른 쪽에서는 너무나 친해진 나머지 그분이 우리와 만나는 방식에 관해 농담까지 하게 된다. 우리는 니케아 신조(Nicene Creed)의 "아버지와 아들과 함께 (성령님은) 경배를 받으시며 영화로우시다"는 말씀을 기억해야 한다. 그리고 우리는 또 성령님을 의지하는 것이 모든 진정한 경배의 핵심임을 깨달아야 한다. 예배자와 예배 인도자로서 똑같이 우리는 그분을 더욱 경외해야 하고, 그분을 더욱 의지해야 한다.

하나님은 성령님의 대담한 속삭임에 따를 준비가 된 예배자들, 즉 진정한 '예배 인도자'를 찾고 계신다. 그들은 함께 모이면, 항상 예측할 수 없는 것을 준비하는 마음으로 첫사랑의 연애 감정을 계속해서 품고 살아가는 사람들이다.

[주]

1. William Barclay, *The Mind of Jesus* (HarperCollins, 1976).
2. Gary A. Furr and Milburn Price, *The Dialogue of Worship* (Smyth and Helwys Publishing, 1998).
3. Gene Edwards, *The Divine Romance* (Tyndale, 1993).
4. Cardinal Suenens, David Watson이 인용, *Discipleship* (Hodder, 1983).
5. C. S. Lewis, *Prayers : Letters to Malcolm* (Fount, 1997).
6. Oswald Chambers, *My Utmost for His Highest* (Oswald Chambers Publications, 1995). 「주님은 나의 최고봉」(기독교 문서 선교회 역간).

5. 수건을 벗은 예배자
the unveiled Worshipper

출 애굽기 34장 마지막에 모세는 살아 계신 하나님과 능력 있는 만남을 가진 후 시내 산을 내려온다. 모세는 믿을 수 없는 계시의 차원으로 인도함을 받았다. 그래서 하나님의 영광 가운데 깊이 들어가 그의 얼굴은 실재로 빛나고 있었다. 사실 너무나 빛나서 사람들은 그를 쳐다보기도 두려웠다. 그때부터 모세는 자신의 얼굴을 가리려고 수건을 둘렀다. 그러나 "모세가 여호와 앞에 들어가서 함께 말씀할 때에는 나오기까지 수건을 벗고 있었다" (34절).

그가 하나님을 만나러 갔을 때, 아무것도 심지어 한 겹의 천도 그가 하나님을 응시하지 못하도록 막을 수 없었다.

이 구절은 우리에게 두 가지의 통찰력을 준다. 하나님의 깊은 계시와 그것을 경험한 사람들에게 일어나는 변화이다. 그리고 계시가 크면 클수록 변화도 크다. 경배를 드리며 수건을 벗고 하나님 앞에 믿을 수 없을 정도로 가깝게 다가간 모세도 변화된 예배자가 되어 하나님의 영광으로 빛났다.

신약은 우리에게 놀라운 소식을 전한다. 우리도 수건을 벗은 예배자가 될 수 있다는 사실이다. "우리가 다 수건을 벗은 얼굴로 거울을 보는 것같이 주의 영광을 보매 저와 같은 형상으로 화하여 영광으로 영광에 이르니 곧 주의 영으로 말미암음이니라"(고후 3:18).

하나님은 우리가 경배할 때 믿을 수 없는 대단한 장소로 우리를 초대하셨다. 어떤 의미에서 전능자는 자신을 누군가에게 드러낼 필요가 없다. 그분은 능력과 거룩으로 빛나게 타오르는 소멸하는 불이다. 게다가 그분은 더 깊은 영광의 차원으로 우리 각자를 인도하시고자 갈망하면서, 자신의 백성을 사랑하는 불타는 마음을 갖고 계신다. 더 깊은 영광의 차원은 우리가 그분의 형상으로 훨씬 더 변화되는 곳이다. 언젠가 누가 이렇게 말한 적이 있다. "보는 대로 된다."

내가 일곱 살이었을 때, 우리 아빠가 갑자기 돌아가셨다. 어느 날 아빠는 우리와 함께 계셨고, 그 다음 날 사라졌다. 몇 년이 지난 후에야 나는 실재로 아빠가 자살했다는 사실을 알았다. 이 발견은 내게 새로운 고통과 질문들을 안겨 주었다. 그것은 내 잘못이었는가? 아빠는 계속 살아갈 정도로는 나를 사랑하지 않았는가? 엄마는 재혼했고, 처음에는 아버지를 갖게 될 또 다른 기회처럼 보였지만, 곧 불쾌했다. 새 아빠는 모든 것을 엉망으로 만들고 나서 떠나 버렸다.

그러나 이런 모든 일들 속에서, 나의 상황에 하나님이 계셨다. 시편은 우리에게 그분이 '고아들의 아버지'라고 말하며, 내가 그분께 가까이 다가가면서 나는 하늘 아버지의 품에서 치유를 받았다. 이것이 일어난 것은 바로 경배를 드리던 때였다고 나는 확신한다. 나는 가끔 아무 뚜렷한 이유도 없이 울고 있는 나 자신을 발견하곤 했다. 그러나 지금 되돌아보면, 하나님이 나의 마음을 부드럽게 하시고, 과거의 고통스런 상처들을 제거하고 계셨다는 것을 나는 안다. 나는 치유 받으려고 가지 않았다. 나는 하나님이 나의 마음을 사로잡으셨기 때문에 갔다. 그러나 당신은 결코 참된 수여자인 하나님에게 명령을 내릴 수 없다. 나는 거기에 있는 동안 내내 내가 그분에게서 무언가를 받고 있다고 생각했다. 그럼에도 하나님은 그분의 자비로 또 다른 계획을 갖고 계셨다! 나는 주님의 임재 앞에서 변화된 존재로서 수건을 벗은 예배자가 되었다. 내가 가까이 다가갈 때마다, 나는 좀더 완전하게 더욱 그분과 같이 되어 산에서 내려 왔다.

성경은 분명하게 하나님은 자신의 백성들이 자신과 가까운 만남을 가지길 원하신다고 말한다. 예수님이 이 땅에 오셨을 때, 그분의 말씀과 삶과 죽음은 그 전능자에게 가까이 다가오라는 새로운 초대였다. 예수님이 그랬던 것처럼 그분은 제자들에게 하늘 아버지와 친밀하도록 기도하라고 가르쳤다. 그분은 아버지에게서 배웠던 모든 것을 그들에게 보여 주면서, 그들이 이제는 더 이상 종이 아니라 친구라고 말씀하셨다. 요한계시록 3장 20절에서 예수님은 라오디게아 교회를 기억하며 이렇게 초대하신다. "볼지어다 내가 문 밖에 서서 두드리노니 누구든지 내 음성을 듣고 문을 열면 내가 그에게로 들어가 그로 더불어 먹고 그는 나로 더불어 먹으리라."

종종 우리는 이 구절을 복음 전도에 사용하지만, 실제로 예수님은 이미 그분을 따르는 사람들에게 말씀하고 있다. 그분은 더 대단한 친밀함 속으로 자기 백성들을 초대하고 계신다.

여기서 '먹는다'는 단어는 그리스어 명사 '데이프논'(deipnon)에서 유래했는데, 하루에 먹는 주요 식사를 의미했다. 이것은 사람들이 하루 일과를 마치고 함께 모여 앉아 서로 양질의 시간을 보내는 저녁 식사였다. 그 문화에서 이런 식사를 하는 이유는 교제이지 단지 음식이 아니었다. 이것은 서둘러 해치우는 행사가 아니라, 당신이 얼마 동안 앉아 함께 식사하면서 상대방을 알아 가는 그런 행사였다. 예수님은 실제로 이렇게 말씀하고 있다. "나로 너의 삶에 더 깊이 들어가게 해라. 나는 너에게 가서 너와 함께 먹고 너와 가까워지기를 원한다. 나는 내가 먹을 때 나를 섬기고 식탁에서 그저 시중이나 들라고 너를 부르고 있는 것이 아니다. 나는 나와 함께 앉아서 먹자고, 우리를 위해 함께 먹자고 너를 부르고 있다."

그분은 요한계시록 1장에서 불타는 눈과 가장 눈부시게 빛나는 태양처럼 빛나는 얼굴을 가진 것으로 묘사된 바로 그 예수님이시다. 아무리 친하다고 해도, 둘이서 동등하게 식사를 하는 일은 결코 없을 것이다. 우리는 그분의 식탁 아래서 부스러기를 주워 모아야 할 정도로 가치가 없다는 것을 알지만, 그것이 그 식탁의 아름다움이다. 예수님이 우리에게 하신 초대는 확실히 우주에서 가장 위대한 신비이다. 이 땅이 어떻게 형성되었고, 또는 어디까지 은하계의 별들은 가득 차 있는지 정확히 알게 되었을 때 황홀하기보다는, 나는 전능한 하나님이 자신과 친해지도록 나를 초대하셨고 하나님의 아들이 이것을 가능하게 하시려고 기꺼이 십자가에 달려 죽으셨다는 이 신비에 훨씬 더 사로잡혀 있다.

서로 경쟁하는 것과는 달리, 친밀함과 경외는 나란히 손을 잡고 간다. 성경은 우리에게 "여호와의 친밀함이 경외하는 자에게 있음이여"(시 25:14)라고 말한다. 주님에 대한 두려움이 우정을 만나면, 이 신비가 정말로 최고조에 달한다. 영원하신 하나님이 나처럼 누군가에게 그분의 영원한 팔에 안기라고 손짓하는 일은 어떻게 일어날 수 있을까?

요한계시록 1장은 우리에게 친밀함이 경외와 만나는 힘있는 모습을 제시한다. 사도 요한은 주님과 놀라운 대면을 했다. 16절에서 예수님은 오른손에 일곱 별을 지니신 장엄한 존재로 묘사되었다. 그러나 바로 다음 구절에서 우리는 예수님이 그에게 두려워하지 말라고 하시면서 바로 그 오른손을 요한에게 대시며 위로하시는 말을 듣게 된다. 이것은 두렵지만 또 친밀한 모습이다. 윌리엄 버클레이는 이것을 완전하게 요약한다. "예수님의 손은 하늘을 지탱할 만큼 강하고, 우리의 눈물을 씻어 주실 만큼 부드럽다."[1]

친밀함과 경외의 이 융합은 욥의 삶에서도 발견된다. 그는 하나님의 '타자성'(otherness)에 관한 것을 경배자가 어떻게 알아 가는지에 대한 흥미 있는 사례 연구이다. 가혹한 고난을 당하자 욥은 "하나님의 우정이 내(욥의) 장막 위에 있었던"(욥 29:4) 날들을 갈망하며 되돌아보았다. 그는 주님의 우정을 알고 있었다. 그러나 그의 시련이 끝날 때, 욥은 새로운 방법으로 하나님을 알게 되었다. 하나님의 능력과 위대한 측면들은 결코 전에는 정말 욥이 인식하지 못했던 수건을 벗게 했다. 욥은 자신에게 이렇게 말한다. "내가 주께 대하여 귀로 듣기만 하였삽더니 이제는 눈으로 주를 뵈옵나이다"(욥 42:5).

하나님의 계시는 바로 그의 마음속으로 밀고 들어갔다. 그리고 그는 전보다 더욱 전능자의 경이로움을 깨닫게 되었다. 우리는 하나님이 욥의 삶을 처음보다 나중에 더욱 복 주셨다고 말한다. 이것은 그의 가족과 부를 말하는 것이기도 하지만, 동시에 하나님의 친밀한 우정이 풍성하게 회복되었다는 의미이기도 하다. 욥은 주님에 대한 두려움과 우정의 증가량을 알게 된 사람이었다. 그리고 마찬가지로 그는 하나님의 계시로 변화된 사람이었다.

몇 년 전에 나는 여왕과 찰스 황태자가 주관하는 행사에 버킹엄 궁의 초대를 받았다. 내가 거기에 갈 만한 일을 한 것이 아니었다. 그러나 내 친구가 두 명의 젊은 그리스도인을 지명하도록 되어 있었고, 그것을 나에게 보낸 것은 정말 웃긴 일이라고 생각했다! 솔직히 말해, 나는 이런 거대한 행사에 어울리는 사람이 아니다. 나는 '청바지를 즐겨 입는' 사람이며, 정장이 한 벌밖에 없으니, 품위 있는 바지를 입고 있는 나를 보기란 흔치 않은 일이었다. 그러나 이 경우에 내가 여왕을 만날 준비를 한다는 것은 거의 아침마다 늘 하는 '이 티셔츠는 깨끗한가?' 보다 좀더 신경 써야 한다는 의미임을 나는 알았다. 나는 예의바르게 나 자신을 준비시켜야 했다. 그리고 이것은 단정한 옷차림을 의미했다.

그렇다면 우리가 전능하신 하나님을 만나러 갈 때, 우리는 얼마나 우리의 마음을 준비해야 하겠는가? 우리가 매 주일마다 가장 단정한 옷을 입고 가자는 말은 아니다(당신이 이것을 좋아한다면, 환상적이겠지만 말이다). 그러나 우리가 전능자께 나아갈 때 좀더 신경을 써야 할 필요가 있다는 말이다. 우주의 창조주는 그분과 친해지도록 문을 활짝 여셨다. 그러나 우리는 이것이 결코 당연한 게 아니라고 확실히 해야 할 필요가 있다. 이 친밀한 대화가 제대로 이뤄지려면, 우리는 우리가 다가가고 있는 분이 누구인지 결코 잊어서는 안된다. 전도서 기자는 이 사실을 매우 완벽하게 언급했다.

> 너는 하나님의 전에 들어갈 때에 네 발을 삼갈지어다 … 너는 하나님 앞에서 함부로 입을 열지 말며 급한 마음으로 말을 내지 말라 하나님은 하늘에 계시고 너는 땅에 있음이니라 그런즉 마땅히 말을 적게 할 것이라(전 5:1-2).

앞장에서 우리는 우리 마음이 충만하게 심지어는 터무니없이 흘러 넘치게 하는 것이 좋을 때가 있다고 말했다. 그러나 또 잠잠하게 단지 하나님이 하나님이심을 알아야 할 때도 있다. 이 때는 하나님이 누구이신가를 숙고하며 가장 적은 말과 가장 단순한 노래로 반응하는 때이다. 전도서의 구절은 계속해서 말하고 있다. "오직 너는 하나님을 경외할지니라"(7절).

그리고 가끔은 우리가 서 있지도 못할 때가 있다. 나는 최근에 성경에서 얼마나 많은 사람들이 하나님을 만나서 마침내 자신의 무릎을 꿇게 되는지 충격을 받았다. 우리는 이미 요한계시록 1장에서 요한이 영광스러운 예수님을 만나서 그 발 앞에 "죽은 자 같이 엎드러진" 것을 보았다. 4장에서는 24 장로도 하나님 앞에 엎드려서 그분을 경배한다. 시편 72편 11절은 우리들에게 "만왕이 그 앞에 부복하며"라고 말한다. 그리고 우리는 언젠가 모든 무릎이 꿇어 엎드릴 것도 물론 알고 있다.

그럼에도 모든 것 중에 겟세마네 동산에서 본 모습이 가장 충격적이었다. 구경꾼은 예수님이 이곳에서 가장 약한 모습이었다고 주장할 지도 모른다. 많은 사람들이 그분을 잡고자 음모를 꾸미고 있었고, 그분은 곧 배신당하리라는 것을 알고 있다. 십자가가 잔인하게 그분을 기다리고 있다. 하나님의 아들은 너무 고통을 받아서, 그의 땀은 "땅에 떨어지는 피 방울 같았다"(눅 22:44). 유다와 몇몇 바리새인들과 대제사장 그리고 동행한 군인들은 무장까지 하고서 그분을 체포하려고 도착한다. 그러나 그때 믿을 수 없는 어떤 일이 일어난다.

> 예수께서 그 당할 일을 다 아시고 나아가 가라사대 너희가 누구를 찾느냐 대답하되 나사렛 예수라 하거늘 … **예수께서 저희에게 내로라 하실 때에 저희가 물러가서 땅에 엎드러지는지라** (요 18:4-5).

이 일은 나를 놀라게 했다. 여기 겟세마네 동산에 있던 그 사람 예수는 지치고, 근심에 차 있었고, 아무 무기도 없었다. 그럼에도 불구하고 이 순간에도 그분의 궁극적인 정체성의 표시는 두루 비치고 있다. 아주 잠시였다 하더라도, 이 공격적이고 뻣뻣한 군인들과 제사장들과 바리새인들은 어쨌든 무릎을 꿇고 경배해야 했다. 그렇다면 십자가에 못 박히시고, 부활하시고, 승천하신 예수님의 온유한 경배자들로서 우리는 더더욱 무릎 꿇어야 할 공간을 찾아야 하지 않겠는가!

우리가 정말 하나님의 가치에 주목할 때, 우리의 경배 시간은 훨씬 더 하늘 보좌가 있는 방처럼 보이기 시작할 것이다. 우리가 노래할 때, 천사가 노래한다. 살아 있는 피조물들이 찬양을 부르고, 우리도 그들과 함께 한다. 그러나 24 장로들은 고개를 숙여 절한다. 오, 우리는 좀더 자주 그들이 보는 것을 보아야 할 것이고, 그들이 하는 대로 해야 할 것이다. 절하는 것은 경외의 궁극적인 육체적 표시이다.

우리가 진정 우리 눈을 자신에게서 돌려 확고하게 예수님께 고정하면서 드리는 경배에는 분명히 다른 역동성이 있다. 너무나 우리는 우리가 어떻게 하고 있고, 우리가 무엇을 얻었는지 생각하면서 우리의 경배 시간을 보내는데, 나는 이것을 걱정한다. 안토니 블룸(Anthony Bloom)은 이렇게 말했다. "우리가 '나는 당신을 사랑해요'라고 말할 때 너무나 우리는 '나'는 크게, '당신'은 작게 말한다."[2]

그러나 우리가 우리 눈을 자신에게서 떼어 하나님의 아름다움을 응시할 때, 경배에 놀랍고 성경적인 역동성이 있다. 윌리엄 버클레이는 예수님의 경이로움에 사로잡혀 그분을 응시하는 마음이 어떤 것인지를 설명한다.

> 그는 경이에 차서 바라본다. 그는 승리자와 구세주를 바라보는 사람처럼 바라본다 … 그는 자기의 연인을 흠모하여 쳐다보는 사람처럼 바라본다 … 그는 하나님이 그를 위해 이 세상에 유일한 실체가 되셨을 때 하나님으로 바라본다.[3]

예의 없고 불경한 시대에, 참으로 수건을 벗은 예배자들은 하나님의 '타자성'을 인식하고, 또 그분과 친해지자는 부르심을 소중히 간직한다. 그분의 영광으로 못 박혀서 그분의 임재로 변화를 받은 우리는 훨씬 더 그분을 닮아 가게 된다. 수건을 벗은 예배자들은 다른 사람이 되어 산을 내려온다. 그들은 하나님의 영광으로 빛나며, 보는 이에게 빛을 발한다.

[주]

1. William Barclay, *The Revelation of John* (Saint Andrew's Press, 1998).
2. Anthony Bloom, *Beginning to Pray* (Paulist Press, 1982).
3. William Barclay, *New Testament Words* (John Knox Press, 1999).

6. 멈출 수 없는 예배자

1744년 리드에서 찬송 작곡가 찰스 웨슬리는 다락방에서 기도 모임을 하고 있다. 갑자기 마루바닥이 크게 갈라지며 삐걱거리는 소리가 나더니 바닥 전체가 무너진다. 모두 100명의 사람들이 바로 천정을 뚫고 아래 방으로 떨어진다. 그곳은 아수라장이다. 어떤 사람은 비명을 지르고, 어떤 사람은 울고, 어떤 사람은 충격으로 그저 앉아 있다. 그러나 그 소동이 일어나자, 웨슬리는 상처를 입고 무리 위에 누워 이렇게 소리친다. "두려워 말라! 주께서 우리와 함께 하신다. 우리의 생명은 모두 안전하다." 그러고 나서 그는 별안간 영광의 찬송을 부르기 시작한다. "하나님 찬양, 만복이 그에게서 나오네." 아마 당장 일어난 일을 생각한다면, 이상한 선곡이리라! 그러나 여기에 요점이 있다. 다른 사람들은 누구나 여전히 자신의 상처를 싸매고 있었던 반면에, 이 멈출 수 없는 예배자의 마음은 흔들리지 않는 찬양으로 응답하고 있었다.[1]

멈출 수 없는 예배자는 하나님께 예배할 때가 오면 결코 조용하지 않는다. 반대나 위험, 심지어 죽음에 직면해서도 그들은 계속 예배한다. 우리는, 그냥 참기만 한 것이 아니라, "그들이 그 이름을 위하여 능욕 받는 일에 합당한 자로 여김을 받았기에"(행 5:41) 실재로 기뻐했던 초대 교회의 예배자들에 대해 들었다.

진정한 경배는 종종 반대에 부딪힌다. 다윗의 삶을 보라. 그의 첫 승리는 멈출 수 없는 경배의 강력한 공식 행위였다. 거인 골리앗은 모든 이스라엘 사람들에게 공포의 대상이었고, 온 나라는 하나님 이름의 명예를 걸고 그와 맞서 싸우기를 두려워했다. 그때 갑옷을 입기에도 너무 작은 다윗이 걸어 나간다. 그리고 사울이 그에게 말한 것처럼 그는 아직도 소년에 불과했다. 그러나 하나님을 열정적으로 사랑하는 이 소년은 살아 계신 하나님을 바보 취급하는 적들을 그냥 서서 보고만 있을 수 없었다. 그래서 "온 땅으로 이스라엘에 하나님이 계신 줄 알게" 하려고(삼상 17:46) 그는 그 전쟁터로 걸어 나간다. 골리앗은 그를 대충 보고는 무시했다(42절). 그러나 하나님에게 기름 부음을 받고 그분을 향한 열정에 이끌려서, 다윗은 이겼다. 하나님을 경배한 것이 그날을 승리로 이끌었다.

이 외에도 다윗은 예배자의 존재로서 무시당한 적이 있었다. 있는 힘을 다해 하나님 앞에서 춤을 추었던 그 천한 이야기에서, 아내가 그를 무시했다. 하나님의 마음에 그것은 아름다운 경배의 행위였다. 그러나 미갈의 눈에는 완전히 사람을 당황하게 만드는 것이었다(삼하 6:16). 또 그녀 외에도 다윗의 가족 중에는 하나님을 향한 그의 열정을 경멸했던 사람이 있었다. 시편 69편을 살펴보라.

> 무고히 나를 미워하는 자가 내 머리털보다 많고 … 내가 주를 위하여 훼방을 받았사오니 수치가 내 얼굴에 덮였나이다 내가 내 형제에게는 객이 되고 내 모친의 자녀에게는 외인이 되었나이다 **주의 집을 위하는 열성이 나를 삼키고 주를 훼방하는 훼방이 내게 미쳤나이다**(시 69:4, 7-9).

거인 골리앗은 하나님을 경배하는 다윗에게 분명한 적이었을 것이다. 당신도 하나님 이름의 명예를 걸고 싸우는 전쟁터에 서 있을 때 이런 종류의 반대를 예상할 수 있을 것이다. 그러나 자기 가족 내부의 반대는 매우 다른 것이었고, 확신하기는 그가 훨씬 극복하기 어렵다고 여겼을 것이다.

2차 세계 대전 당시 독일의 그리스도인이었던 디트리히 본회퍼(Dietrich Bonhoeffer)는 언젠가 이렇게 말했다. "그리스도는 사람을 부르실 때, 그분은 그에게 가서 죽으라고 명령한다."²⁾

분명히 그는 자기 십자가를 지고, 자기를 부인하고 예수님을 따르는 자아의 죽음에 대해서 말했다. 그러나 본회퍼 자신에게 있어서 이것은 더 많은 문자적인 의미를 지닌다. 서른아홉 살에 전쟁이 거의 끝나 갈 무렵, 그는 감옥에서 붙들려 나와 히틀러와 나치당에 맞서 용감하게 교수형을 당했다. 그는 옥중 서신을 남겼다. "이것은 삶의 끝이지만, 내게는 삶의 시작이다."³⁾ 그들은 그의 몸은 죽일 수 있었지만, 그의 경배는 멈추게 할 수 없었다.

멈출 수 없는 예배자는 기회 있을 때마다 어디에서든 예수님의 이름을 높이는 용감한 복음 전도자이다. 그들이 드리는 경배의 제물들은 그들이 교회 안에 있을 때처럼 교회 벽 바깥에서도 그렇게 진동한다. 그들은 담대한 마음을 갖고서, 이 세상에 하나님의 좋은 소식을 증거할 모든 기회를 잡는다. 바로 이 일을 위해 사슬에 매인 사도 바울은 에베소 교회에 촉구한다.

> 또 나를 위하여 구할 것은 내게 말씀을 주사 나로 입을 벌려 복음의 비밀을 담대히 알리게 하옵소서 할 것이니 … 나로 이 일에 당연히 할 말을 담대히 하게 하려 하심이니라(엡 6:19-20).

여기 예수님을 전하기 위해 다시 감옥에 들어간 사람이 있었다. 그는 담대했기에 체포되었다. 그러면 상식적으로 이렇게 말했을 것이다. "다음에는 내가 입을 다물고 있도록 기도해 주세요." 그러나 그 말 대신에 그는 보다 더 담대하도록 기도한다! 바울의 평생의 사역은 자신의 영광스런 예수님을 알리는 것이었고, 그로 인해 자신이 고통에 휘말린다면, 당연하게 받아들였다.

사도 바울에게 더 담대하게 해 달라는 기도가 필요했다면, 하물며 우리는 얼마나 더 그런 기도가 필요하겠는가? 나는 항상 교회라는 상황에서는 예수님을 높이기가 정말 쉽지만, 교회 밖에서는 그런 기회들을 발견하고 잡기가 너무 어렵다는 것을 알게 되었다. 이것을 그냥 내버려두면, 나는 완전한 겁쟁이가 될 수도 있다! 열여섯 살 때 나는 자주 교복 옷깃에 '십자가' 배지를 달고 다녔다. 솔직히 말하면, 나는 나 자신을 매우 자랑스럽게 생각한다. 다시 말해, 시내 자전거 가게에서 토요일만 근무하는 일에 내가 지원했던 그날까지는 그랬다. 면접을 시작하기 바로 전에 나는 배지를 떼고 호주머니 속에 숨겼다. 배지를 계속 달고 있다가 일자리 얻을 기회를 놓치게 될까 걱정했기 때문이다. 면접하는 도중에 나는 갑자기 내가 무슨 짓을 했는지 깨닫고는 너무 부끄러웠다. 나는 예수님이 나를 위해 행하신 일로 내가 얼마나 곤궁에 처할 수 있는지 놀라며 십자가를 그냥 호주머니에 넣어 둔 채 거기에 앉아 있었다.

내가 전에 해 왔던 유일한 다른 일은 교회를 위해 일하는 것이다. 그리고 물론 나는 그 면접 때문에 내 십자가 배지를 달려고 많은 눈물을 흘려야 했다! 그러나 이것은 우리 대부분의 모습과 비슷하지 않은가? 우리는 교회에서는 십자가를 높이 들고 다니지만, 나머지 삶의 현장에 나아가서는 우리의 호주머니에 십자가를 숨길 것이다. 나는 그날 참다운 교훈을 얻었다. 나는 어느 정도 더욱 성령의 담대함을 얻기 위해 사도 바울의 줄에 서야 한다. 내가 작은 십자가 배지조차도 옷깃에 달고 다닐 수 없다면, 어떻게 이 땅에서 진짜 십자가를 감당하겠는가?

나는 최근에 컬럼바인 고등학교 비극의 십대 희생자인 레이첼 스콧(Rachel Scott)의 이야기를 들었다. 이것은 멈출 수 없는 경배에 대한 또 다른 강력한 이야기이다. 1999년 4월 20일에 지독하게 꼬인 두 명의 학생들이 총과 폭탄을 가지고 대참사를 일으킬 계획으로 학교 운동장에 들어갔다. 그들의 품고 있던 원한 중의 하나는 그리스도인들에 대한 반감이었고, 그들이 레이첼 스콧을 발견했을 때 그 원한은 더욱 뚜렷해졌다. 그 살인자들은 그녀의 다리에 총 두 방을 쏘았고, 상체에 한 방을 더 쏘았다. 그녀가 안전한 곳으로 기어가려고 하자, 그들은 그녀의 머리채를 잡아채며 물었다. "하나님을 믿나?" 그들은 그녀가 "안 믿는다"고 흐느껴 말하며 자기의 믿음을 저버리리라 기대했기에, 자기들이 싸움에서 이겼다고 생각했다. 그러나 이 피를 흘리는 멈출 수 없는 예배자는 담대하게 확신에 차서 말했다. "알다시피, 나는 믿는다." 이 대답에 열 받은 그들이 소리쳤다. "그러면 그 곁으로 꺼져 버려." 그러고는 머리를 관통하도록 그녀를 향해 정확하게 총을 쐈다.[4]

하나님의 귀한 예배자 한 명이 그분의 영광의 대열에 자신의 생명을 던진 이 순간 하나님의 마음이 어떠했을까 상상해 보라. 섬뜩한 결단의 순간에 그녀는 자신의 생존보다는 그분의 명예를 선택했다. 이 이야기를 들을 때마다 나의 마음은 흥분한다. 그리고 이 이야기가 우리에게 그렇게 깊은 감명을 준다면, 예수님의 마음에 이 이야기가 어떤 영향을 주었을지 상상해 보라.

사도행전 7장에서 돌에 맞는 스데반의 이야기는 이에 대해 더 많은 빛을 던져 준다. 그는 들으려고 하지 않는 냉정한 마음을 가진 사람들에게 예수님을 선포하면서 그 일에 자신의 생명을 걸고, 그들의 종교적 자만심을 비난한다. 그러나 그들의 돌에 맞아 죽기 직전에, 하나님은 스데반에게 놀랍도록 깊은 계시를 허락하신다. 아마도 그 계시가 이 그리스도인 첫 순교자를 끝까지 강하게 견디도록 도왔을 것이다. 스데반은 하늘 보좌가 있는 방을 희미하게나마 볼 수 있었고, 하나님 우편에 '서 계신' 예수님을 본다. 이상한 것은 여기서 예수님이 서 계신다는 점이다. 신약에서 그 밖의 모든 다른 때에는 예수님이 하나님 우편에 앉아 계신다고 적고 있다. 그런데 왜 지금은 서 계시는가?

그분은 세상에 가장 위대한 신학자는 없다고 할지 모르지만, 나는 스미스 위글스워스(Smith Wigglesworth)의 설명을 좋아한다. 비록 항상 하나님 우편에 앉아 계시지만, 이때 예수님은 용감한 경배의 행동에 대해 스데반을 격려하고 칭찬하시려고 서 계신 것이다. 이것은 마치 그분이 이렇게 말씀하시는 것과 같다. "쳐다보아라. 쳐다보아라! 너는 오늘 나에게 영광을 돌렸으니, 영원히 나는 너의 가장 큰 보상이 될 것이다. 나는 너를 격려하려고 일어선다. 나를 쳐다보아라. 나를 쳐다보아라. 너의 용감한 경배는 내 이름에 영광을 가져다 주었고, 내 마음에 기쁨을 주었기 때문이다."[5]

이 땅을 걸어다니시는 동안, 예수님 자신도 하늘 아버지의 마음에 드리는 멈출 수 없는 헌신의 행동으로 살아가셨다. 물론 십자가는 이런 행동의 궁극적인 표현이지만, 십자가로 다가가는 그 주간에 우리는 또 다른 힘있는 예를 발견한다. 예수님과 그의 제자들은 유월절 음식을 먹었을 최후의 만찬을 막 마쳤다. 유월절 전통으로 많은 찬송을 불렀는데, 그 마지막 찬송이 시편 136편의 '위대한 찬양'이었다.[6] 마가복음은 우리에게 말한다. "이에 저희가 찬미하고 감람 산으로 나가니라"(막 14:26). 따라서 이 찬송이 바로 시편 136편일 것이다. 이 시편은 이렇게 시작한다.

> 여호와께 감사하라 그는 선하시며
> > 그 인자하심이 영원함이로다
> 모든 신에 뛰어나신 하나님께 감사하라
> > 그 인자하심이 영원함이로다
> 모든 주에 뛰어나신 주께 감사하라
> > 그 인자하심이 영원함이로다
> 홀로 큰 기사를 행하시는 이에게 감사하라
> > 그 인자하심이 영원함이로다
> 지혜로 하늘을 지으신 이에게 감사하라
> > 그 인자하심이 영원함이로다
> 땅을 물 위에 펴신 이에게 감사하라
> > 그 인자하심이 영원함이로다(1-6절).

이 시편의 나머지 부분도 동일한 방식으로 많은 것을 전하고 있으며, 각 구절의 마지막에 "그 인자하심이 영원함이로다"는 26번 나온다. 잠시 동안 이것을 생각해 보라. 유다의 배반이 큰 소리로 문을 두드리고 있다. 겟세마네 동산이 손짓하고 있다. 십자가의 그늘은 정확히 이 식사에도 드리워졌지만, 그래도 여전히 예수님은 "그 인자하심이 영원함이로다"라고 26번이나 선포할 수 있다. 이것은 놀랍다. 이 어둠, 어둠의 시간 속에서도 하늘 아버지에 대한 그분의 헌신은 흔들리지 않을 것이다. 그분의 경배하는 마음은 위협받기를 거부한다. 이것은 경배에 관한 어떤 것을 우리에게 가르쳐 주지 않는가?

멈출 수 없는 예배자는 하나님을 영화롭게 하는데 있어서 아무것도 그들을 막지 못하게 한다. 그들이 가는 길에 그 어떤 '골리앗들'이 나온다 할지라도, 그들은 경배의 전쟁터로 걸어나가 기회를 포착한다. 그들은 고난의 시기에 뒤로 물러서지 않으며, 그 대신 신뢰와 찬양의 힘찬 시편을 올려 드린다.

[주]

1. 더 많은 이야기를 보려면, W. J. Limmer Sheppard, *Great Hymns and Their Stories* (Religious Tract Society).
2. Dietrich Bonhoeffer, *The Cost of Discipleship* (Touchstone Books, 1995).
3. Dietrich Bonhoeffer, *The Narrow Path* (Darton, Longman & Todd).
4. Beth Nimmo and Darrell Scott, *Rachel's Tears* (Word, 2000).
5. Smith Wigglesworth, *The Anointing of the Spirit* (Vine Books).
6. William Barclay, *The Mind of Jesus* (HarperCollins).

7. 주목받지 못하는 예배자
the unnoticed Worshipper

지휘자 레오나르드 번스타인(Leonard Bernstein)은 이런 질문을 받은 적이 있다. "어느 악기를 연주하는 것이 가장 어렵습니까?"

그는 대답했다. "제2 바이올린이요. 사람들이 모두 제1 바이올린 주자가 되려고 하기 때문이지요."

물론 제1 바이올린은 더 흥미 있는 부분을 연주하고, 더 많은 주의를 끈다. 그러나 번스타인은 계속 설명한다. "제2 바이올린을 연주하려고 하는 사람을 찾기도 힘들고 또 동일한 열정을 가지고 연주하기도 힘듭니다. 그러나 제2 바이올린이 없으면, 화음이 이루어지지 않습니다."

여기에 우리 모두에게 주는 교훈이 있다. 우리가 살면서 주목하는 대부분의 것은 많은 형태의 무대에서 일어난다. 사람들은 눈에 띄기를 좋아하고, 우리의 문화는 명성을 사랑한다. 어떤 사람들은 자기들이 많은 관심을 얻었다는 확신이 생길 때까지 어떤 것도 서슴지 않을 것이다. 반면에, 하나님은 매우 다른 방식으로 사물을 바라보신다. 그분은 그 광경을 지켜보시겠지만, 무대 뒤에서 일어나는 일에 훨씬 더 관심이 많으시다. 우리는 너무나 겉모습을 자세히 보지만, 하나님은 바로 중심을 보신다. 우리는 사물의 드러나는 면에 몰두하게 되지만, 하나님은 항상 감춰진 은밀한 면에 훨씬 더 관심이 있으시다.

이에 대한 훌륭한 예가 누가복음 21장 1절에서 4절에 나와 있다. 예수님은 부자들이 성전 보물 창고에 자기들의 예물들을 놓고 가는 것을 지켜보고 계신다. 그때 작고 은밀한 경배의 행동이 그분의 시선에 잡힌다. 어느 가난한 과부가 걸어 올라와서 세상적인 기준으로는 거의 아무런 가치도 없는 작은 구리 동전 몇 개를 바친다. 그러나 예수님은 선포하신다. "이 가난한 과부가 모든 사람보다 많이 넣었도다."

동전 그 이면에 있는 바로 그녀의 마음을 바라보시는 예수님의 방식을 이해하기까지는, 처음에 이것은 우스꽝스러워 보인다. 그분은 매우 기쁘게 드린 이 작은 동전들이 그녀가 가진 생활비의 전부라는 것을 아신다. 이것은 하늘에서 보는 것처럼 보고 계신 예수님을 제외하고는, 그녀 주변의 누구도 알아채지 못한, 마음에서 드리는 값비싼 믿음의 예물이다.

주목받지 못하는 예배자는 이 세상에서 주목을 받고자 하지 않는다. 그들은 할 수 있으면 아주 은밀하게 예물을 드린다. 그러나 그들이 가져온 것과 그것을 드린 방법 때문에, 하늘은 추가로 특별한 주의를 기울인다. 아마도 그들 주변에 있는 다른 사람들에게는 주목받지 못하겠지만, 하나님의 마음에는 주목받지 않을 수 없다. 지금까지 이 책에 나온 대부분의 예들은 공개적으로 행하는 경배의 행동들이었다. 그러나 하나님은 어느 누구도 지켜보지 않을 때 경배 드리며, 은밀한 장소에서 그분께 헌신하는 것을 가장 먼저 찾으신다.

다윗 왕의 삶은 경배자의 마음에 공과 사의 균형을 맞추기 위한 몇몇 위대한 통찰력을 제공한다. 다윗은 혼자 양을 치며 시간을 보낼 때 열정적이었지만, 사람들에게 주목받지 못한 많은 경배를 분명 올려 드렸으며, 확실히 주님을 알아 가며 성장했다. 사실 사무엘이 사울에게 그를 "여호와께서 그 마음에 맞는 사람"(삼상 13:14)이라고 설명했을 때, 그는 아마도 고작 열다섯 살이었을 것이다.

그러나 그런 후에 삶은 좀더 복잡해졌다. 다윗은 온 나라에서 가장 유명한 예배자가 된다. 골리앗 사건에서 시작하여, 그는 몇몇 아주 공개적인 헌신의 행동에 관여하게 된다. 여인들은 그에 관한 노래까지 부르기 시작한다. "사울의 죽인 자는 천천이요 다윗은 만만이로다"(삼상 18:7). 몇 년 후에 다윗은 왕이 된다.

이 모든 것 가운데, 다윗에게 중요한 것은 자기의 삶이 복잡해지기 전에 지니고 있었던 예배의 마음을 유지하고 실천하는 것이었다. 어떤 면에서 이것은 쉬운 일이었다. 한가지 사실로 그는 아주 단순하게 자신의 동기들을 시험할 수 있었다. 그가 불렀던 모든 노래와 기도했던 모든 기도는 진실로 한명의 청중을 위한 것이었다. 이런 외로운 광야에서 하나님을 향한 그의 사랑을 지켜보는 사람은 주위에 아무도 없었다. 그리고 나서 그는 공적인 인물이되고, 그 시간부터 그의 헌신은 공적인 장소에서 드러난다. 이럴 때 시험은 바로 이것이었다. "그는 자기에게 맡겨진 모든 공적인 일들 가운데서도 그 순수하고 단순한 경배의 마음을 지킬 수 있는가?"

그리고 그것은 우리 모두에게 해당하는 시험이기도 하다. 여기에서 나는 어느 누구보다도 바로 예배 인도자와 음악인들에게 말하고 있다고 생각한다. 우리 마음에 가장 힘든 시험은 주위에 어느 누구도 없는 '광야에 있을 때' 오지 않는다. 정말로 힘든 부분은 우리가 대중적인 재능으로 신뢰를 받으려고 할 때 시작한다. 그것은 교회나 어디에서든지 찬양팀에서 연주하는 것일 수도 있다. 하나님은 우리 마음의 동기를 냉정하게 검토하라고 우리를 부르신다. 우리는 무대 위에 있는 지금도 여전히 주목받지 못하는 예배자가 되기를 원하는가? 아니면, 어느 한 구석에 정말 '주목받는' 경배자가 되기를 원하고 있는가? 우리는 여전히 기쁘게 섬기는가? 아니면, 아주 눈곱만큼이라도 섬김을 받고자 원하는가? 우리의 노래들은 여전히 한분의 청중에게 맞추어져 있는가? 아니면, 마음 깊숙한 곳에서는 더 많은 사람들의 갈채를 원하는가? 이것은 직면하기 힘든 질문들이지만, 우리가 하나님이 우리 삶에 갖고 계신 그 소명을 신실하게 지키고자 한다면, 이런 질문들은 꼭 필요하다.

배를 설계할 때, 배의 수위 아래에 있는 것은 항상 수위 위에 있는 것보다 무거워야 한다. 그렇지 않으면, 강한 바람이나 파도의 첫 징조가 있을 때, 배는 뒤집힐 것이다. 우리의 마음도 동일하다. 사물들은 겉으로 강한 인상을 줄 수 있다. 우리는 몇 안되는 뛰어난 기타 주법을 배웠을 수도 있고, 우리의 목소리는 전보다 더 강해진 것처럼 들릴 수도 있다. 그러나 하나님은 배의 수위 아래가 어떻게 되어 가는 지에 더 한없는 관심을 갖고 계신다. 어느 누구도 우리를 보지 않을 때, 우리는 무엇을 좋아하는가? 우리가 경배를 인도하지 않고 있을 때, 교회에서 드리는 경배에 얼마나 우리 자신을 드리는가? 아니면, 누군가가 우리의 입맛에 맞지 않는 형태로 예배를 인도하고 있다면, 그 때에도 더욱 그렇게 하겠는가?

그리고 우리가 경배를 인도할 때, 자신에게 어떤 생각이 지나가는가? 모든 것이 잘 되어 갈 때, 자축하는 순간이 조금이라도 있는가? 다시 말하지만, 이것은 힘든 질문이다. 그러나 우리가 이 경배를 옳게 드리려고 하고 정말 하나님을 영화롭게 하려고 한다면, 매우 중요한 질문이다. 핵심은 사적인 측면에 무게 중심을 두고, 공적인 측면을 유지하도록 애쓰자는 것이다. 고인이 된 존 윔버(John Wimber) 목사가 가르친 대로, 요즘에 진정한 시험은 새롭고 대단한 경배 음악을 작곡하고 생산하는데 있으려 하지 않는다. 진정한 시험은 이 경배 음악을 전달하는 경건한 사람들 속에 있으려는 경향이 있다.

점점 내가 걱정하는 경배의 한 경향은 완전히 공연을 하는 것이다. 이런 모습은 몇 년 동안 슬그머니 기어 들어오고 있다. 어찌된 일인지 우리는 경배 집회를 심지어 '연주회'나 '음악회'라고도 부르게 될 지경에 도달했다. 이와 같은 용어들은 경배가 정말 무엇이냐는 단서조차 던져 버리는 위험한 존재이다. 모임 장소에서 나는 하나님으로 가득차기를 간절히 바라면서도 한편으로는 인상을 남기려고 발버둥치다가 오히려 결국에는 혼란스럽게 만들고, 계속해서 전면에 나타나고자 노력하는 나 자신을 너무나 많이 발견한다. 어떤 사람들은 공연이 경배가 될 수 있다고 주장할 것이며, 그것도 사실이다. 그 공연 뒤에 선한 마음이 있다면, 어떤 의미에서는 모든 것이 경배가 될 수 있다. 그러나 공연은 경배를 **인도하**

는데 반드시 좋은 방식은 아니다. 예배 인도자는 다른 사람들이 따라야 할 모범을 제시하여 하나님을 경배하도록 단지 격려하고, 가능한 한 주목받지 못하는 예배자가 되어야 한다. 거룩함을 보려는 이 순간에 우리 자신들에게로 이목을 집중시키는 것은 상당히 비성경적인 접근이다. 사실, 이것은 심지어 위험한 일일 것이다.

찬양은 교만의 반대이다. 교만은 '자신을 보라' 고 말하지만, 찬양은 사람들이 예수님을 보기 바란다. 거룩한 보좌가 있는 방에는 자기를 과시할 만한 여지가 전혀 없다. 이제 이것을 그려보라. 전능하신 하나님의 영광스런 임재 속에 우리가 서 있다. 장로들은 할 수 있는 한 몸을 낮추어 절하고, 천사들은 자기들의 얼굴을 가리고 있다. 그러나 바로 그 온전한 것들의 가운데에 다소 자기를 과시하는 한 사람이 있다. 일상적인 하찮은 춤과 과장된 목소리와 대체로 과장된 연기를 하고 있다. 우스운가? 물론이다. 나는 요점을 강조하려고 과장되게 표현했는데, 이 요점을 분명히 알기 바란다. 우리가 경배에서 행하는 모든 것을 그 여과기에 통과시키는데 지장이 없을 것이다. 요점은 바로 전능하신 하나님의 보좌가 있는 방에서, 모두가 가능한 한 숙여 절하는 것이다.

1,700년대에 프랑소아 페넬론이라는 프랑스인은 여느 예배 인도자를 위해 위대한 충고를 적었다. "당신의 마음 깊은 곳에 있는 자아를 없애라." 우리가 정말 이렇게 한다면, 우리의 행동과 태도는 자연스럽게 따라갈 것이다. 우리가 숙여 절하고 있다고 마음에 확신이 든다면, 우리가 인도하는 예배의 외적인 방식도 더 적당해져야 할 기회들이 된다. 잠언 25장 6절은 이렇게 요약한다. "왕 앞에서 스스로 높은 체하지 말며."

최근 예배 인도자 수양회에서 나는 하나님이 나에게 예배 인도자들에게 맡겨 주신 이 일을 설명할 그림을 주셨다고 생각한다. 나는 여행 중에 있는 어느 젊은이를 보았다. 그는 가장 아름다운 보석을 맡게 되었다. 그러나 이 보물은 그의 것이 아니다. 그는 왕 앞에 이 보석을 갖다 드릴 사명을 수행하는 중이다. 이 보석은 너무나 귀한 것이어서 그는 길을 따라 여행하는 중에 이것을 꼭꼭 숨겼다. 가끔 그는 도시나 마을에 머물렀다. 그리고 이때 유혹이 시작된다. 그의 보물을 좀 자랑하고, 그가 맡게 된 이 대단한 보석으로 사람들을 놀라게 하기는 아주 쉬울 것이다. 이것은 분명히 그에게 많은 명성과 혜택을 가져다 줄 것이다. 그는 여전히 언젠가는 왕에게 그것을 갖다 드릴 수 있겠지만, 길을 가면서 어떤 재미를 찾으려고 할 것이다. 다른 유혹은 아예 그 마을에 정착하는 것이다. 자신에게서 새로 발견된 인기를 누리면서 그 사명을 모두 포기한다. 심지어 보석을 팔 수도 있을 것이다. 그렇게 한다면, 그는 결코 다시 일하지 않아도 된다.

그가 사람들 주위에 있을 때마다, 유혹은 점점 심해지는 것 같다. 그럼에도 그는 여전히 신실하기에 이런 모든 유혹을 물리치고 결국 왕의 궁전에 도착한다. 여전히 온전한 보물을 들고 그 보좌의 방에 들어가면서, 그는 고개를 들어 그 왕을 본다. 그러나 그 이상으로, 그는 왕의 기쁨을 본다. 왕의 얼굴 가득히 모든 것이 쓰여 있다.

예배 인도자인 우리는 성스러운 여행길에 있다. 그 짐은 귀중하고, 그 임무는 중요하다. 이 모든 경배 음악 운동에서 우리가 정말 왕의 기쁨을 보려고 한다면, 거기에는 우리가 따라가야 할 어떤 좁은 길이 있다. 때때로 사람들에게서 기쁨을 찾는 것이 더 매력적으로 보이기도 한다. 대개의 사람들은 많은 재능을 갖고서 확실히 많은 사람들에게 감명을 줄 수 있었을 것이다. 당신이 정말 원하기만 했다면, 당신은 자기 자신에게 모든 이목을 집중시킬 수도 있었을 것이다. 그러나 그 목적을 위해 순수하고 진실하게 나아가는 것이 바로 과제이다. 그분 앞에 그리고 오직 그분께만 썩지 않은 제물을 가져갈 때, 왕의 기쁨이 당신에게 넘친다는 것을 이 여행이 끝날 때까지 항상 명심하라.

많은 경우에 이것은 예배 인도에 중요한 요소이다. 일이 흥미진진해질 때, 순수함을 유지하기가 더 힘들 수 있다. 나는 최근에 「오늘날 가장 힘있는 경배곡 40」(Today's 40 Most Powerful Worship Songs)이라는 찬양집 한 권을 우연히 발견했다. 그 때는 참 충격이었다. 누가 이 찬양집이 그렇다고 말했는가? 하나님이 그랬는가? 그분이 자기가 좋아하는 40곡을 알려 주어 찬양집이 효과적으로 팔릴 수 있다면 얼마나 좋겠는가! 나는 지극히 건방지게 되어, 같은 회사에서 내놓은 많은 놀라운 자료들이 있었던 것도 사실이지만, 그 자료들을 고르지 않았다. 그러나 이 일은 나를 자꾸 일깨운다. 우리가 하는 모든 것을 검토해 보자. 모든 마음가짐, 예배를 인도하는 모든 방식, '경배'라는 이름 하에 우리가 출판하는 모든 자료들을 검토해 보자.

우리를 지켜야 할 때이다. 이것은 성스러운 임무이다. 우리의 경배가 계속해서 하늘 아버지를 기쁘게 하고, 그 아들에게로 집중하며, 육이 아니라 성령에 이끌리도록 하자.

8. 한마음을 가진 예배자
the undivided Worshipper

잠재적으로 최면술에 걸린 세상에서, 한마음을 가진 예배자가 추구하는 것은 단순하다. 바로 자신들의 눈을 예수님께 고정하는 것이다. 정의는 단순할지 몰라도, 실천하기는 꽤나 쉽지가 않다. 우리의 마음은 너무 많이 여러 방향으로 끌려가고 있다. 주위의 모든 구석마다 정신을 산란하게 하는 것들이 새로 생겨나서 우리의 주의력과 싸우고 있다. 너무 많은 일들이 하나님을 사랑하는 것에서 우리의 시간과 정력을 빗나가게 할 수 있다. 시편 기자는 소리쳤다. "일심으로 주의 이름을 경외하게 하소서"(시 86:11).

이 다섯 개의 낱말은 우리가 늘 기도해야 할 가장 중요한 요소일 것이다. 날마다 우리는 거룩한 고속도로를 벗어나 다른 샛길로 걷자는 유혹들에 직면하게 된다. 그러나 그 마음이 예수님으로 불타고 있기에, 그런 모든 설득들이 정말 어떤 존재인지를 알게 된다. 그것들은 공허하고 의미 없는 죽음으로 끝난다.

예수님 자신의 경우를 보면서, 우리는 어떤 위대한 영감을 발견한다. 처음부터 끝까지, 예수님이 이 땅을 걸어가신 이야기는 한마음을 가진 경우로서, 그분은 완전히 하늘 아버지와 그 뜻에 순종하셨다. 하나님의 아들은 이 가시밭 길에서 자신을 딴 곳으로 유혹하는 그 어떤 것도 모두 거부하시며, 십자가의 길을 걸으셨다.

예수님이 제자들에게 곧 임할 고난에 대해 설명하실 때, 베드로는 그분을 막으려고 했다. "… 주여 그리 마옵소서 이 일이 결코 주에게 미치지 아니하리이다"(마 16:22).

그러나 예수님은 그를 꾸짖으셨고, 아마 좋은 의도로 한 그 말의 이면에 있는 적을 보고 계셨을 것이다. 베드로는 다시 겟세마네 동산에서 일을 엉망으로 만들었다. 예수님을 체포하려고 오는 사람들로부터 예수님을 보호하려고 무모하게도 그는 칼을 뽑아 대제사장의 종의 귀를 베었다. 그러나 다시 한 번, 예수님은 십자가의 길에서 벗어나게 하려는 베드로를 용납하지 않으셨다. "검을 집에 꽂으라 아버지께서 주신 잔을 내가 마시지 아니하겠느냐"(요 18:11).

그리고 남은 길을 가려고, 예수님은 그 종의 귀를 만지셨고, 그를 고쳐 주셨다. 면전에서 십자가에 못 박히는 실체를 바라보시면서, 하나님의 아들은 위협을 받지 않았다. 하늘 아버지를 기쁘게 한 것은 그분의 순수한 한마음이었다.

한 때 하늘 아버지 집에 있는 상인들과 환전상들 때문에 격분하여, 예수님은 경건하게 폭발하셨다. 탁자를 뒤집어 엎고, 심지어 상인들을 채찍으로 몰아내신 그분은 열정과 호전성이 합쳐진 무서운 존재였다(막 11:15-17, 요 2:13-17). 처음에 이것은 너무 지나친 반응처럼 보인다. 결국 모든 억압들 때문에 그렇게 하셨는가? 죄 없으신 분이 갑자기 모든 자제력을 잃었는가? 우리가 존경해야 한다고 배웠던 온유하고 유순한 예수님은 어디에 계신가? 그러나 우리는 이 불같은 폭발 뒤에 있는 정의로운 이유들을 발견하게 된다.

성전은 모든 유대인들이 지불해야 하는 세금을 요구했다. 그러나 이것은 어떤 형태로든 동전으로만 지불할 수 있었다. 그래서 환전상들은 여행객의 돈을 성전에서 사용하는 현금으로 교환해 주었다. 언뜻 보면 이것은 친절한 봉사 활동처럼 보이지만, 사실 그들은 환전으로 이득을 취했고, 예배자들은 자기들의 돈을 상당히 불공평한 비율로 교환했다. 한 역사가는 환전 수수료가 하루 임금의 절반에 달한다고 추산한다.[1] 예수님의 눈에 이 행동은 단순히 부당한 관습을 넘어선 것이다. 이것은 예배의 장애물이었다.

상인들도 마찬가지였다. 많은 성전 방문객들은 하나님께 감사의 제물로 항상 작은 비둘기나 큰 비둘기를 가져왔다. 당신은 이것을 어디서든 살 수 있었겠지만, 당신이 성전 밖에서 이것을 가져왔다면, 희생 제물의 품질을 검사하는 검사관이 그것들을 통과시켜야만 가능했다. 즉, 그들은 이것을 비난했고, 거의 항상 흠을 잡았다. 그런 식으로 예배자들은 성전에서 파는 '사전에 검사 받은' 제물을 사야만 했을 것이다. 이런 불공정한 행위에 한술 더 떠서 성전 상인들이 판매한 작은 비둘기나 큰 비둘기는 엄청 비쌌다.[2] 다시 말하면, 그들은 돈을 벌 수작이었고, 많은 경배자들, 특히 가난한 자들에게 큰 걸림돌이었다.

하나님이 주신 재정적인 소득을 얻는 지침들을 왜곡한 것에 분노하신 예수님은 헌신적으로 격렬하게 화를 내시며 반응하셨다.

이 '강도의 굴혈'은 '기도하는 집'이 되었어야 했다(막 11:17). 하늘 아버지의 집은 탐욕이 가득한 거래 장소가 되었다.

예수님은 우리 믿음의 완성자이시고, 참되게 한마음을 가진 경배자들이 따라야 할 모범이시다. 어느 누구도 그 자신들의 궁극적인 목표인 하나님의 영광과 기쁨을 위해서 벗어나거나 포기하거나 단념하게 할 수 없다. 자아를 죽이고, 그분을 위해 살아갈 때, 그들은 담대하게 찰스 웨슬리의 기도에 동참한다.

> 이 땅에 있는 것들이 더 이상 나의 마음을 빼앗아 가지 못하게 하시고, 그리스도와 함께 내가 십자가에 못 박히게 하소서.

여러 가지 면에서 경배는 '방어'와 '공격' 이 둘을 포함한다. 위의 예를 살펴보면, 예수님은 경배의 이 두 가지 형태를 다 보여주신다. 십자가의 길을 가시면서, 그분은 그분이 선택한 찬양의 길을 단념하게 만드는 모든 사람들로부터 자신의 마음을 방어하신다. 예수님은 가장 순수한 마음을 가진 분으로서, 그분의 사명을 희석시키려는 모든 유혹을 물리치신다. 하나님을 존경하는 마음으로 가득한 예수님은 그분 앞에 놓은 경주를 변함없이 계속하면서, 모든 공격들로부터 그 아버지의 뜻을 방어하고 있다.

성전 뜰에서 예수님은 상당히 공격적이다. 그분은 불순한 습관들을 모두 찾아내고 없애 버리며, 상인들의 진열대를 마구 부수뜨린다. 하늘 아버지를 경배하는 길에 아무것도 서 있으면 안된다.

한마음을 가진 예배자로서 우리도 똑같은 일을 하도록 부름을 받았다. 우리에게는 때묻지 않은 마음이 필요하며, 순수한 예배의 길에서 우리를 벗어나게 하려는 모든 것으로부터 우리 자신을 방어해야 한다. 그러나 우리에게는 공격적인 경향도 있어야 하며, 적합한 기회가 있는 곳은 어디든지 하나님 이름의 명예를 걸고 나가 공격해야 한다. 가끔은 하나님을 찬양하려고 강하게 일어선다는 의미일 것이다. 평소에는 단순히 동정하는 행동이라고 크고 분명하게 말할 것이다. 야고보서 1장 27절에서 우리는 이러한 경배의 두 형태, 즉 '방어'와 '공격'이 함께 작용하는 예를 발견한다. "하나님 아버지 앞에서 정결하고 더러움이 없는 경건은 곧 고아와 과부를 그 환난 중에 돌아보고 또 자기를 지켜 세속에 물들지 아니하는 이것이니라."

이 구절의 첫 부분에서 야고보는 우리에게 공격적인 태도를 취하고 우리의 경배를 크게 드러내며 살라고 촉구한다. 그는 상하고 소외당하는 자들에게 가서 그곳에서 하나님의 마음을 기쁘게 하라고 말한다. 그러나 또 그가 방어의 역할에 대해 말하고 있는 것도 주목하라. 이 세상에 우리 주위에 있는 모든 불결한 것에서 우리의 마음을 지켜야 한다.

때때로 우리의 경배 중에 나타나는 그 공격들은 실제로 명백하며, 당신은 가까이에서 그것들을 볼 수 있다. 그러나 종종 그것들은 훨씬 더 미묘하게 우리에게 슬그머니 기어 들어오기 때문에, 우리는 우리가 그것들에게 지고 있다는 사실조차도 깨닫지 못한다. 내게 있는 가장 큰 공격들 중의 하나는 '분주함'이다. 나는 수도 없이 이 교훈을 얻긴 하지만, 마르다가 그랬던 것처럼, 항상 준비들로 나 자신을 바쁘게 하는 내 모습을 발견한다. 그리고 결국에는 더 좋은 일들을 소홀히 하게 된다. 마리아처럼 예수님의 발 아래 헌신하며 앉아 있는 것 말이다(눅 10:38-42).

때때로 예수님의 발에서 우리를 멀어지게 만드는 것들은 그 자체로는 '선한' 것들이다. 나는 당신에게 내 경우를 몇 가지 말하겠다. 회의들, 노래 작업, 경배팀 구성이 그 경우이다. 놀랐는가? 역설적이지만, 우리가 주의하지 않는다면, 심지어 이런 것들이 우리의 경배를 잘못된 길로 가게 하거나, 참된 것의 복사품들이 되어 의미를 잃게 된다. 물론 열심히 하는 것은 좋다. 그것은 대단히 성경적인 윤리이다. 그러나 거기에는 그어야 할 선이 있다.

나는 십대 초반부터 어느 정도 이런 저런 그리스도인 지도자의 형태로 성장했다. 나의 시작은 작은 가정 모임을 인도하기도 하고, 교회 앞에 나가 몇 편의 시들을 읽기도 하면서, 경배팀에서 연주를 하는 것이었다. 시간이 흐르자, 나는 더 많은 책임들을 지게 되었다. 우리는 교회를 세웠고, 나는 예배 인도자로 전임 사역자의 길을 갔다. 그리고 우리는 또 많은 여행을 하기 시작했다. 너무나 그 선을 벗어난 2년 동안, 나는 내 마음이 어디에 있었는지 반성하기 시작했다. 나는 지쳤고, 무거운 짐을 지고 있었다. 그러나 무엇보다도 나는 메말라 있었다. 나는 윌리암 코퍼(William Cowper)의 찬송 〈오 하나님과 더 가까이 걷기 위하여〉(Oh, for a closer walk with God)의 가사 두 줄을 우연히 보았는데, 이것은 나에게 모든 것을 요약해 주었다.

    내가 처음 주님을 보았을 때
    내가 알았던 행복은 어디에 있는가?
    영혼을 다시 새롭게 하는
    예수님과 그의 말씀은 어디에 있는가?

여러 가지 면에서 오늘날 이것은 여전히 내 마음의 외침이다.

나는 내 삶의 다양한 영역에서 그리스도인으로 성장했고, 믿음 안에서 성숙했기를 바란다. 그러나 나는 내가 벗어나게 된 것도 있다는 것을 안다. 그리고 나서야 다시 내 경배에 단순성을 회복했다. 그것은 황홀한 마음에서 나오는 생생하고 복잡하지 않는 헌신이다. 가끔씩 나는 사물 전체를 합리적으로 생각한다. 나는 상대적으로 시간이 넉넉했던 태평한 십대의 시절처럼 똑같이 생활할 수는 없다고 나 자신에게 말한다. 결국, 이제는 모든 것이 훨씬 더 복잡해졌다. 나는 많은 책임을 맡고 있고, 일로 바쁘다. 내가 이처럼 결론을 내릴 때, 이것은 분명해 보일 수 있다. 나는 과거에 그랬던 것처럼 하나님과 똑같이 동행하는 것은 아마 할 수 없었을 것이다. 아니면, 할 수 있었을까? 내가 숙고하면 할수록, 이것은 실제로 적의 거짓말임을 더욱 더 깨닫게 된다.

나는 하나님이 우리를 불러 맡겨 주신 그 임무를 정말로 열심히 할 수 있다고 확신하며, 여전히 그분과의 관계에서 생생하고 친밀한 마음을 유지하고 있다. 예수님도 그렇게 하셨다. 중요한 것은 방해받지 않는 헌신의 시간과 열심히 일하는 시간이 균형을 이루는 것이다. 이 헌신의 시간은 조용하게 그분이 하나님이심을 아는 순간이다. 주인의 발 아래 앉아 헌신하며 듣기 때문에, 그 밖의 모든 것들이 그 뒤로 사라지는 때이다. 리처드 포스터가 우리에게 말했듯이, 신적인 우선 순위는 항상 '경배가 첫째, 예배가 둘째'여야 한다.[3] 흥미롭게도 나는 내가 정기적으로 하나님과 만나는 '경건의 시간'을 할 때, 나도 일상생활 속에서 그분을 훨씬 더 인식하기 시작한다는 사실을 발견한다.

내 삶에서 무언가가 지속적으로 하나님과의 관계를 방해하고 있다면, 어떤 순간에 나는 책임을 지고 어떤 변화를 일으켜야만

한다. 어느 누구도 나를 위해 이것을 해줄 수 없을 때가 온다. 따라서 '내 마음을 정케 하소서' 라는 옛 기도 뿐 아니라, 나는 최근에 '내 삶을 단순하게 하소서' 라고 새로운 기도를 한다. 마음으로 외치는 이 두 가지 사이에는 상관 관계가 있어 보인다. 나는 하나님께 나의 불필요한 짐을 제거해 주시도록 간구한다. 그 짐은 그 분과의 영적인 동행에서 나를 계속 짓누른다.

우리가 분산되어 혼란스러워질 수 있는 것은 꼭 하나님과의 개인적인 여정에서만 일어나는 것은 아니다. 우리가 회중들과 함께 갈 때도 마찬가지로 우리는 쉽게 그 과정에서 이탈할 수 있다. 몇 년 전에 우리 교회에서 경배할 때, 우리를 돕는다고 생각했던 어떤 것들이 실재로는 우리를 방해하고 있다는 것을 깨달았다. 그런 것들은 정말 경배임을 뜻하는 그 단서를 우리가 던져 버리게 한다.

우리는 모임에서 항상 음악으로 하나님을 경배하는데 많은 시간을 할애한다. 그러나 뭔가를 놓치고 있다는 것을 우리는 분명히 깨닫기 시작한다. 우리가 드리는 경배의 특징이 되었던 그 불은 어찌된 일인지 점점 식어 갔다. 어떤 면에서 모든 것이 대단해 보였다. 우리에게는 놀라운 연주자들이 많이 있었고, 음향 시설도 아주 좋았다. 새로운 곡들도 많이 쏟아져 나왔다. 그러나 너무 우리는 이런 것들을 의지하기 시작했고, 그것들은 방해거리가 되었다. 한 때 아무런 상관없이 사람들이 들어오던 그곳에서, 이제 우리는 이 연주자들이 제일 좋아하는 것은 무엇이고, 음향은 얼마나 좋으며, 그 노래들 '속에' 우리의 노래가 선택되었는지 보려고 기다린다.

목사인 마이크는 매우 과감한 행동을 하기로 결정했다. 우리는 얼마동안 모든 것을 벗어 던지고, 우리의 마음이 어디에 있는지 보기만 했다. 그래서 바로 그 다음 주일에 우리가 교회에 나타났을 때, 교회에는 어떤 음향시설도 보이지 않았고, 우리를 인도할 연주팀도 없었다. 새로운 접근은 단순했다. 우리는 더 이상 이런 외부적인 것들에 너무나 의존하려고 하지 않았다. 마이크는 자주 이렇게 말했다. "당신은 주일 날 교회 문을 들어설 때, 하나님께 드릴 제물로 무엇을 가져오십니까? 당신은 오늘 어떤 희생 제사를 드리려고 하십니까?"

솔직히 말해서, 처음에 나는 전반적으로 너무 기분이 나빴다. 경배는 나의 직업이었다! 그러나 하나님이 내 마음을 위로하셨을 때, 나는 이런 행동들 너머에 있는 그분의 지혜를 보기 시작했다. 처음에 그 모임들은 약간 어색했다. 긴 침묵이 있었고, 노래를 계속해서 부르기가 너무 어려웠다. 그러나 우리는 곧 우리가 사용해 왔던 어떤 외부적인 장식들 없이도 하나님께 어떻게 마음의 제물을 드려야 하는지 배우기 시작했다. 모든 것을 벗어 던지자, 우리는 천천히 경배의 마음을 다시 발견하기 시작했다.

얼마 후에 연주팀과 음향 시설이 다시 등장했지만, 이제는 달랐다. 우리의 마음에서 나오는 노래들은 우리의 입술에서 나오는 노래들과 일치했다.

이 시기에, 나는 하나의 교회로서 우리가 이르렀던 그곳을 회상하며, 이 노래를 작곡했다.

    음악이 사라지고,
    모든 것을 벗어 던지고,
    나 홀로 있네.

그분의 마음 기쁘시게 할
그 무엇을 드리기 원하네.

나는 그분께 노래 이상을 드리리라.
노래 그 자체는
그분이 요구하는 것이 아니기에.
그분은 더 깊은 속을 살피시네.
그것으로 모든 것이 드러나리.
그분은 나의 맘을 원하시네.

후렴 부분에서 나는 우리가 함께 경배 드리고 있던 곳을 요약하려고 했다.

내가 예배의 중심으로 돌아갑니다.
예배는 그분에 대한 모든 것이네.
그분 예수에 대한 모든 것.
내가 예배 중에 한 일을 용서하소서, 주님.
예배가 그분에 대한 모든 것일 때,
그 분, 예수에 대한 모든 것.[4)]

언젠가 토저(Tozer)는 우리가 '정말 바라는 것 없이 전적으로 하나님과 사랑에 빠져서 애정을 바꿀 생각이 저 멀리에도 전혀 존재하지 않는' 그 장소에 대해 말한 적이 있다. 그리고 끝으로, 이것은 한마음을 가진 예배자들의 진정한 표시이다. 아주 단순한 삶은 '예수에 관한 모든 것'이 된다.

[주]

1. William Barclay, *The Mind of Jesus* (HarperCollins, 1976).
2. 위의 책.
3. Richard Foster, *Celebration of Discipline* (Hodder, 1999). 「영적 성장을 위한 제자 훈련」 (보이스사 역간).
4. Matt Redman, 'The Heart of Worship' (Kingsway's Thankyou Music).

9. 만족하지 못하는 예배자

주님을 처음 보고 난 뒤
내 영 만족하네.
아직 일부만 보았을 뿐
더욱 주님을 찾네.[1)]

예수 그리스도의 예배자로서 우리는 '지금'과 '아직'의 긴장 속에 살고 있다. 우리가 그분을 모셔들인 그날부터 우리 영혼들은 각각의 삶의 이유와 가치를 찾았다. 그분의 사랑과 임재가 실제로 우리 마음에 들어왔고, 우리는 성취되는 것을 보았다. 성경은 "좋은 것으로 우리 소원을 만족케 하시는"(시 103:5) 하나님을 드러낸다.

그러나 이것은 완전한 그림이 아니다. 우리는 또 만족하지 못하는 예배자들이다. 단지 부분만을 보고 있는 사람들이기 때문이다. 이 하늘 아래에서 우리는 항상 우리 마음에 거룩한 좌절을 가지게 될 것이다. 즉 "양자될 것 곧 우리 몸의 구속을 기다리는"(롬 8:23) 그리스도인들의 내면에 있는 신음소리인 것이다.

유진 피터슨(Eugene Peterson)은 이렇게 적었다. "경배는 하나님을 향한 우리의 허기를 채워 주지 못한다. 경배는 우리의 식욕을 왕성하게 만든다."[2] 우리가 예수님을 보면 볼수록, 우리는 더욱 여전히 보아야 할 것이 많다는 것을 알게 된다. 그분이 우리의 삶을 만지면 만질수록, 우리는 더욱 우리의 모든 부분을 다 드릴만큼 반드시 그분을 필요로 한다는 사실을 깨닫게 된다. 경배는 종종 많은 대답들만큼이나 많은 질문들을 하게 한다. 예수님을 언뜻 보는 것은, 그것만으로도 놀라운 일이지만, 모두 바다에 떨어지는 물 한 방울과 같다. 그리고 우리가 언뜻 보면 볼수록 우리는 더욱 그 바다가 얼마나 광대한지 깨닫기 시작한다. 우리는 언제나 '그분을 더 알아가고자' 추구하는 사람들이다. 힘들지만 상급이 있는 여정이기에 흠모하는 마음들이 있다. 언젠가 우리는 최종 목적지에 이르겠지만, 현재에 하나님과 동행하는 우리의 모든 발걸음은 단지 앞에 놓여 있는 영광스러운 유업을 약간 미리 맛본 것에 불과하다.

때때로 이것은 우리가 이미 얼마나 멀리 여행을 해 왔는지 깨닫도록 격려한다. 부둣가 사람들은 수위표를 보면서 물에 닿기까지 얼마나 남았는지 가늠할 것이다. 마찬가지로, 우리 자신의 여정에서 봉우리와 골짜기를 곰곰이 생각해 보는 것이 매우 좋다. 뒤돌아볼 때, 나는 내 삶 전체에 걸친 하나님의 은혜의 표시들을 보기 시작한다. 내가 더 멀리 뒤돌아보면 볼수록, 나는 더욱 그분이 얼마나 내 마음을 고치시고 만드셨는지 바로 깨닫게 된다.

  나는 항상 가사를 쓰는 것이 내가 하나님과 동행한 위대한 길을 기록하는 놀라운 방법임을 발견한다. 다양한 노래들이나 시들을 깊이 생각하는 것은 정말 내가 그분과의 관계를 되짚어 보는데 도움을 줄 수 있다. 최근에 나는 〈아버지의 노래〉(The Father's Song)[3]라는 곡을 작곡했다. 스바냐 3장 17절에 근거한 이 곡은 하나님이 자신의 백성을 향해 부르는 힘있고 삶을 변화시키는 노래에 관해 말하고 있다.

    내 귀에 다가오는
    수많은 노래들 있지만
    들려오는 단 하나의 노래,
    나를 사랑하시는
    아버지의 노래 소리.
    영원히 내 맘에 새겨지네.

    천상의 멜로디,
    창조자의 교향곡,
    나로 인해 기뻐하며 부르시는
    아버지의 노래
    놀라운 비밀,
    나를 위해 이 땅에 오시며
    나를 향해 부르시는
    아버지의 노래.

스바냐서의 이 구절은 항상 나의 호기심을 자극한다. 전능하신 하나님이 나로 인해 기뻐서 노래를 부르신다는 것은 놀라운 생각이다. 그러나 어느 저녁, 기타를 잡고 앉아 있을 때, 이 구절은 나에게 전보다 더 큰 충격을 주었다. 내 삶의 많은 부분이 음악과 관련되어 있지만, 그날 밤 내가 항상 발견해야 할 가장 의미 있는 노래는 나의 하늘 아버지가 나에게 부르는 노래인 것을 깨달았다.

이 곡을 작곡한 직후에, 나는 열다섯 살 때 적었던 시 한편을 발견했다. 이것은 상당히 다른 어조였다.

내 마음을 뒤흔드는 혼란스러운 이 환경으로
돌아가신 내 아버지의 그 사랑 받고파.
중요하지는 않아 보일지 몰라도 내 안에 그 목마름이 있네.
"아빠가 필요해"라고 말하는 상심한 다섯 살짜리 아이처럼.

온통 들고 일어나는 여러 문제들로 인해
예전에 돌아가신 아버지 사랑에서 달아났네.
나는 별로 순전하지도 않고, 나를 찾으시며 내게 다가오는
그 사랑을 내가 원하는지 그다지 확실하지도 않아.
중요하지는 않아 보일지 몰라도 내 안에 그 목마름이 있네.
"아빠가 필요해"라고 말하는 상심한 다섯 살짜리 아이처럼.

내가 연이어 이 두 종류의 시를 보았을 때, 다시 충격에 휩싸였다. 나는 하나님이 얼마나 멀리까지 나를 치유의 길을 따라 데리고 오셨는지 깨달았다. 거의 아버지없이 양육을 받은 뒤에 내가 감당했던 그 고통을 잊는 것은 쉽다. 내 머리 주위에 아주 크게 울

리던 상처의 목소리는 다른 소리, 즉 아버지의 노래로 밀려났다. 내가 이 두 개의 '수위표들'을 비교할 때, 나는 내 삶을 만지시는 다정한 하나님의 손에 의해 겸손해진다.

이것은 내가 지금 완전히 온전한 사람이라고 말하는 것이 아니다. 오히려 그것과는 거리가 멀다. 나는 미완성의 마음을 지니고 있다. 이따금씩 나는 과거로부터 고통의 아픔을 느낀다. 나는 이 하늘 아래에서는 절대 그 아픔에서 해방되지 못할 것이다. 나는 만족하지 못하는 예배자로 남아 온전함을 향해 절뚝거리고 있지만, 희망과 감사로 가득하다.

이 삶에서 우리가 만족하지 못하는 예배자로 남아야 하는 또 다른 이유가 있다. 우리는 하늘의 눈으로 세상을 보기 시작한다. 우리가 하나님의 완전하심을 보면 볼수록, 우리는 더욱 우리 주위에 있는 것이 모두 불완전함을 깨닫는다. 진정한 예배자는 자신들이 살고 있는 세상을 분별하고, 그 주위에 만연한 불의와 가난과 고통에 변화를 가져올 수 있기를 바라며 바깥 세상을 본다. 예수님의 예배자는 이런 것들을 못 본 체할 수 없다. 위르겐 몰트만(Jürgen Moltmann)은 이렇게 설명한다.

> 믿음은, 이것이 소망으로 발전하는 곳은 어디든지 안식이 아닌 걱정을 야기한다 … 믿음은 불안한 마음을 고요하게 하는 것이 아니라, 오히려 사람 안에 있는 이 불안한 마음 그 자체이다. 그리스도 안에 소망을 둔 사람들은 더 이상 현실 그 자체를 참지 못하며, 오히려 그 아래서 고통받고 반항하기 시작한다. 하나님과의 화평은 세상과의 갈등을 의미한다.[4)]

만족하지 못하는 예배자의 마음에 정확히 파고드는, 거룩하지만 때때로 고통스러운 좌절이 있다. 우리 안에 있는 모든 일들은 '이래서는 안돼'[5]라는 것을 안다. 우리는 중보자들이 된다. 중보자는 틈을 보고 그 틈 안에 서 있고 싶어하는 사람들이다. 하나님은 우리에게 회복시키려는 그분의 마음을 주시고, 열방을 치유하는 그분의 사랑과 정의를 보기 원하는 타오르는 열정을 주셨다. 그러나 정말 우리의 경배를 온전하게 드리고 있다면, 어디서든 도처에서 우리의 열정은 행동으로 바뀌어야 한다. 배고픈 이들과 우리의 음식을 나누고, 벗은 자에게 의복을 주며, 억압 당하는 자들의 필요를 채워 주어야 한다(사 58:7, 10). 우리는 이 상처받은 세상의 현실을 무시하면서 그저 살아가는 예배자가 될 수 없다. 하나님은 우리가 그분의 마음을 가지고 너무나 아파하는 그곳에 우리를 보내기 원하신다. 그저 아무것도 하지 않는 것은 더 이상의 선택 사항이 아니다.

나는 이것에 대해 최근에 많은 생각을 하게 되었다. 나는 내가 예배 인도자라고 말하고, 또 경배는 단지 음악 그 이상이라고 말한다. 그런데 왜 예배를 인도하는 나의 모든 행동은 음악을 통해 이루어지는가? 이 세상의 상처받은 곳에 도달하고자 할 때, 왜 나는 자주 그 행렬의 뒷자리에 머물러 있는가? 나는 단지 내 입이 아니라 내 삶으로 다른 사람들이 따라야 할 모범을 보이는 예배자이기를 열망한다. 하나님은 경배와 정의가 분리될 수 없다고 매우 분명하게 말씀하셨다.

이것을 모두 종합해 보면, 만족하지 못하는 예배자의 마음에는 세 가지의 풀리지 않는 긴장이 있다. 첫째, 우리는 단지 하나님 영광을 살짝 엿본, 그분의 찬란한 바다에 떨어진 아주 작은 물방울에 불과하다. 우리는 삶에서 더욱 그분을 알고자 하는 지속적인 갈망으로 살아간다. 둘째, 우리는 자신이 상처받은 사람들이라는 인식을 갖고 산다. 부분적으로 치유를 받았지만, 여전히 너무나 상처받기 쉽다. 우리는 온전하기를 열망하는 미완성의 예배자들이다. 마지막으로 우리는 낯선 땅에서 이방인들로서 존재한다. 우리 주위에서 일어나는 환난과 예수님을 발견하지 못한 많은 잃어버린 심령들을 쓰린 마음으로 끌어 안는다. 하늘의 눈으로 바라보면서, 이런 상황들 속에 하나님 나라가 임하기를 열망한다.

그러나 이 세 가지 긴장들이 우리를 나쁜 예배자들로 만들지는 않는다. 오히려, 그 긴장들은 믿음으로 인내하려는 우리의 결심을 강화시키기에, 우리를 더욱 헌신하게 한다. 우리는 부분만을 보지만, 우리가 보는 것은 여행하는 동안 우리에게 소망과 목적을 주기에 충분하다. 그리고 언젠가 그 불완전함이 사라질 것이며, 우리가 충분히 알고 있는 바로 그대로, 우리가 충분히 알게 될 것을 확신하는 지금 여기에서 우리가 우리의 경배를 부지런히 드릴 때, 우리는 아득히 먼 곳에 한쪽 눈을 계속 고정시키게 된다. 루이스는 이것을 가장 잘 요약한다. "내가 이 세상의 그 어떤 경험으로도 만족할 수 없는 열망을 내 안에서 발견한다면, 가장 그럴듯한 설명은 내가 다른 세상을 위해 지음받았다는 것이다."[6)]

[주]

1. Matt Redman, 'Intimacy' (Kingsway's Thankyou Music).
2. Eugene Peterson, *A Long Obedience in the Same Direction* (IVP, 2000). 「한 길 가는 순례자」 (IVP 역간).
3. Matt Redman, 'The Father's Song' (Kingsway's Thankyou Music).
4. Jürgen Moltmann, *Theology of Hope* (SCM, 1969). 「희망의 신학」 (대한기독교 서회 역간).
5. 이 부분의 많은 가르침은 그래함 크레이(Graham Cray) 감독에게 신세를 졌다.
6. C. S. Lewis, *The Weight of Glory and Other Addresses* (Prentice Hall, 1980).

10. 영원한 예배자

영광 중에 설 때
주 얼굴 뵈옵고.
왕되신 주,
그곳에서 영원히 섬기리.[1]

지금 여기에서 우리는 분명하게 보지 못한다. 「메시지」(The Message)에서 말하고 있듯이, 우리는 "짙은 안개 속에서 슬쩍 보고, 옅은 안개 속을 응시한다"(고전 13:12). 그러나 어느 날 우리는 얼굴과 얼굴을 맞대고 하나님을 볼 것이다.

우리는 지금 우리가 부분적으로 보는 것을 충분히 보는 완전히 **수건을 벗은** 예배자가 될 것이다. 우리는 완벽한 **억누를 수 없는** 예배자가 될 것이다. 왜냐하면 우리의 헌신을 막을 만한 것은 아무것도 없을 것이기 때문이다. 더 이상 눈물도, 환난도, 고통도 없다. 우리는 궁극적으로 **천한** 예배자가 될 것이다. 24 장로들이 자신들을 하늘의 보좌 앞에 드릴 때, 우리도 그들과 함께 참여할 것은 의심할 여지가 없다. 그날은 이 세상이 결코 본 적이 없는 것 같은 사람들에게 찬양 중에 자유를 줄 것이다. 우리가 드리는 경배를 방해하는 모든 것은 사라져 버릴 것이다. 더 이상 유혹도, 속임도 없다. **완전히** 한마음을 가진 예배자들인 우리는 바로 하나님의 앞에 서 있을 것이고, 그분만이 모든 마음을 불태울 것이다.

나는 최근에 가장 묘한 찬송임에 틀림없는 그런 찰스 웨슬리의 찬송을 만났다. 그것은 죽음에 관한 노래이다. 처음 두 줄은 많은 충격을 주었다.

아, 사랑스러운 죽음의 출현이여!
이 땅 위에 어떤 광경이 이렇게 공평하겠는가?

그는 결국 죽음을 면했는가? 수많은 찬송을 작곡하는 데 너무 집착한 나머지 어떤 노인의 실없는 소리를 따라 하기 시작했는가? 처음에 들으면, 당신이 교회에서 부르는 노래라기보다는 공포 영화의 대본처럼 들린다. 그러나 더 깊이 파고 들어가면, 우리는 곧 그가 우리가 생각하는 것처럼 그렇게 표준에서 멀리 벗어나지 않았다는 것을 깨닫게 된다.

얼마나 우리 형제는 복된가,
그의 마음에 진 짐을 모두 버림이여!
이 피곤한 몸을 뒤에 남겨 두고 떠난

영혼은 얼마나 편안한가!
악이 침범할 수 없는 그대,
그대의 유골을 부럽게 바라보네!
이제 더 이상 참혹함 속에 있지 않네.
더 이상 나 같은 죄인이 아니네.

죽은 친구의 몸을 곁에서 지켜보며, 웨슬리는 친구가 달려온 경주와 지금 그 앞에 놓인 길을 반추해 보았다. 그 친구는 결코 죄짓지 않을 것이며, 환난에 빠지지 않을 것이고, 유혹 받거나 부끄러워하지 않을 것이다. 웨슬리는 그를 보고 기뻐했다. 아마 약간은 질투였을지도 모른다.

찰스 웨슬리가 이렇게 생각한 유일한 사람은 아니었다. 빌립보 교인들에게 보낸 편지에서 사도 바울도 '머무는 것'이 더 나은지 아니면, '가는 것'이 더 나은지 논쟁하고 있다.

> 그러나 만일 육신으로 사는 이것이 내 일의 열매일진대 무엇을 가릴는지 나는 알지 못하노라 내가 그 두 사이에 끼였으니 떠나서 그리스도와 함께 있을 욕망을 가진 이것이 더욱 좋으나 그러나 내가 육신에 거하는 것이 너희를 위하여 더 유익하리라 (빌 1:22-24).

바로 이 앞 구절에서 바울은 그에게는 "사는 것이 그리스도니 죽는 것도 유익하니라"(21절)라고 주장한다. 우리는 '죽는 것도 유익하다'는 부분을 듣고 있지만, 또 이 구절의 다른 부분, 즉 바로 지금 여기에서 '사는 것이 그리스도'라는 그 부분을 지나쳐 버리지 않는 것도 중요하다. 다시 말하면, 이 땅에서 우리는 그리스도를 발견할 수 있다. 우리는 경배하고 그분을 만날 수 있다. 우리는 그분 안에 있을 수 있고, 그분은 우리 안에 계실 것이다. 이 방법으로, 우리는 오로지 일종의 영원한 탈출 경로로서 천국을 생각하기에 급급한 도피주의자의 사고 방식에 빠지지 않는 것이다. 바울은 죽는 것이 유익함을 안다. 이것은 간단하게 그리스도가 더 많아진다는 의미이기 때문에 분명히 더 좋은 것이다. 그러나 **이 땅의 삶은 단지 무대 연습이거나 시간 낭비가 아니다**. 우리는 바로 지금 여기에 하나님의 나라를 임하게 하며 예수님과 함께 예수님을 위해 살아갈 수 있다.

우리는 바울의 인생관을 가지고 그 대열에 들어서는 것이 좋을 것이다. 우리는 머리 둘 곳을 아는 사람들이다. 우리는 굉장한 목적지로 가는 여정 중에 있다. 우리는 엄청난 상급을 향해 경주를 하고 있다. 앞에 놓인 유업도 모두 영광스럽게 될 것이다. 그리고 비록 그때까지 우리가 충분히 볼 수 없다고 해도, 우리는 지금 적어도 부분적으로 알고 있다는 사실을 잊지 말자. 루이스는 이것을 설명하는데 도움을 준다.

> 물론 잠시 동안 우리는 단지 자신들의 악기를 조율하고 있다. 아무리 보잘 것 없다 하더라도, 어느 정도는 교향곡을 기대할 수 있는 이들에게만 가능한 일이기에, 오케스트라가 악기의 음조를 맞추는 것은 그 자체로 기쁜 일일 수 있다.[2]

지금 우리는 단지 자신의 악기들을 조율하는 경험만 할뿐이다. 이것은 이상하고 알 수 없는 잡음이지만, 우리는 그 안에서 울려

퍼지는 우리의 영원한 운명에 관한 어떤 것을 듣기 때문에, 묘한 매력이 있다. 우리는 언젠가 그 일원이 되어 연주하게 될 완전한 영감을 받은 교향악의 메아리를 듣는다. 그러나 지금 당장은 조율하는 것 그 자체에 모든 놀라운 아름다움이 있다.

이 책을 마무리하며 나는 구원받은 날부터 자신의 마음을 주님께 맞추고 50년을 지내며 6,500여의 찬양곡을 작곡했던 찰스 웨슬리에게로 되돌아가고 싶다. 여든한 살에 연약하게 자신의 죽음을 맞는 침대에 누워, 그는 마지막 찬송가 하나를 작곡했다. 작곡하기에는 너무 연약했기에 그는 이 짧은 여섯 줄을 아내에게 받아 적도록 했다.

> 나이와 극도의 연약함 속에서
> 벌레 같이 무력한 인간을 누가 구속하겠는가?
> 예수 당신은 나의 유일한 소망이시니,
> 나의 쇠약한 육신과 마음을 강하게 하소서.
> 오, 내가 그분을 한 번 미소짓게 할 수 있다면,
> 그리고 영원 속으로 떨어졌으면?[3]

자신의 삶을 예수님께 바쳤던 사람이 있었다. 그가 주님과의 우정을 알았던 것은 심지어 이 찬송 한 곡에서도 분명하게 드러난다. 웨슬리에게 사는 것은 그리스도였다. 그러나 그는 자신이 가고 있는 곳을 알았기에, 더 분명히 말해 누구에게 가고 있는지 알았기에, 죽는 것도 유익했다. '오, 내가 그분을 한 번 미소짓게 할 수 있다면, 그리고 영원 속으로 떨어졌으면?' 이것은 만족하지 못하는 예배자의 마지막 한 마디였다. 그리고 영원한 예배자의 첫

마디였다.

우리가 보기에 예수님과 함께 하는 영원 동안, 우리는 모두 영원한 예배자이다. 단호하게 우리 앞에 당한 경주를 하자(히 12:1). 앞을 향해 애쓰면서, 그리스도 예수 안에서 하나님이 위에서 우리를 부르신 그 상을 얻도록 밀고 나가자(빌 3:13-14).

아멘.

[주]

1. Melody Green, 'There is a Redeemer' ⓒ 1984 Ears to Hear Music /Birdwing Music/BMG Songs Inc./EMI Christian Music Publishing adm. by Copycare, PO Box 77, Hailsham BN27 3EF.
2. C. S. Lewis, *Reflections on the Psalms* (Fount, 1998).
3. Charles Wesley, W. J. Limmer Sheppard, *Great Hymns and Their Stories* (Religious Tract Society)에서.

"우리 주 예수 그리스도를 **변함없이** 사랑하는 모든 자에게 은혜가 있을지어다"(엡 6:24).

Matt Redman

매트 레드맨의 모든 음반은 횟셔뮤직을 통해 보급됩니다.

1997 The Friendship and the Fear

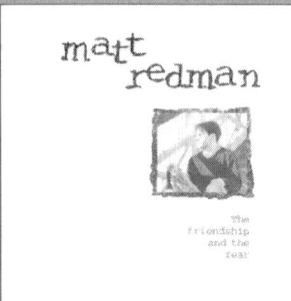

1. There is a louder shout to come
2. Believer
3. Bowing down
4. Deep calls to deep
5. Pure, pure heart
6. Knocking on the door of heaven
7. Once again
8. Can I ascend
9. Can we walk upon the water
10. The way of the cross
11. I need to get the fire back
12. The yoke is easy
13. The friendship and the fear

1998 Intimacy

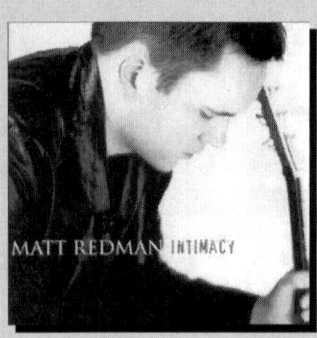

1. Let Everything That Has Breath
2. One Thing Remains
3. What I Have Vowed
4. Intimacy
5. Hear The Music of My Heart
6. When I Needed a Saviour
7. I Am Yours
8. The Heart of Worship
9. Now to Live The Life
10. For The Cross
11. Hallelujah Song
12. The Prayers of the Saints

2000 The Father's Song

1. Take The World But Give me Jesus
2. You Led me to The Cross
3. King of This Heart
4. The Father's Song
5. O Sacred King
6. Revelation
7. Light of The World
8. Holy Moment(Featuring Sonicflood)
9. Justice and Mercy
10. Nothing is Too Much
11. Thank You For The Blood
12. You must Increase
13. Let my Words be few

2001 Passion for Your Name/Wake Up My Soul(2CD)

CD 1 - Passion for Your Name
1. It s Rising Up
2. The Cross has Said it All
3. I Will Offer up my Life
4. Surely the Time has Come
5. Jesus, is the Song of Love
6. The Happy Song
7. Turned me Around
8. This Means I Love You
9. Friend of Sinners
10. Fill us up and Send us Out
11. Rags to Riches
12. Better is One Day

CD 2 - Wake up my soul
1. Wake Up, My Soul
2. Here am I, A Sinner Free
3. Glory to my King
4. There s a Sound of Singing
5. The Angels, Lord, they Sing
6. You gave me love
7. The works of His hands
8. Oh how I love Jesus
9. I've got a love song
10. Now unto the King
11. No longer jusst servants

2002 Where Angels Fear to Tread

1. Amazing
2. Blessed be Your name
3. Befriended
4. When my heart runs dry
5. Making melody
6. Call to worship

7. Rejoice with trembling
8. The promise of Your cross
9. Wonderful maker
10. Lord, let Your golry fall
11. Where angels fear to tread

[사역철학과 비전]

사역을 돕고(Helping Ministries), 교회를 섬기며(Serving the Church), 삶을 만지는(Touching Lives).
Heart와 Mind를 가지고 이로써 주님께 영광을 돌리며
찬양과 예배를 통해 하나님의 백성들(모든 열방들)이 주님의 임재 안에 들어와 그분을 만나는 것을 보는 것이다.

www.fisherM.com (tel: 774-1716)

옮긴이 소개

홍순원

홍익대학교를 졸업하고 죠이선교회 간사로 사역하면서 찬양집 『많은물소리 ver.1.3』부터 『많은물소리.WAVe』까지 꾸준히 제작에 참여하였으며, 예배와 묵상, 그리고 이와 관련한 도서에 남다른 관심을 가지고 있다.

옮긴 책으로는 『당신이 주를 사랑한다면』(도서출판 바울), 『이야기가 있는 경배와 찬양』, 『하나님이 네게 복 주시기 원하노라』, 『하나님이 복 주시는 교회』, 『헨리 나우웬과 떠나는 길』, 『동행』, 『예배자 핵심 파일』, 『열정의 예배자』, 『엎드림』(이상 죠이북스) 등이 있다.

하나님 앞에 선 예배자

초판 발행	2002년 12월 31일
초판 28쇄	2025년 9월 10일
지은이	매트 레드맨
옮긴이	홍순원
발행인	손창남
발행처	(주)죠이북스(등록 2022. 12. 27. 제2022-000070호)
주소	02576 서울시 동대문구 왕산로19바길 33, 1층
전화	(02)925-0451(대표 전화)
	(02)929-3655(영업팀)
팩스	(02) 923-3016
인쇄소	(주)주손디앤피
판권소유	ⓒ(주)죠이북스
ISBN	979-11-981521-9-0 03230

책값은 뒤표지에 있습니다.
잘못된 도서는 교환하여 드립니다.
이 책 내용을 허락 없이 옮겨 사용할 수 없습니다.